真 地球の歴史
波動の法則 II

足立育朗・編著

（協力）神宮眞由美・文　栗田正樹・絵

ナチュラルスピリット

この本の制作に当って、主に文章については神宮眞由美さんに、絵については栗田正樹さんに担当をお願いし御協力いただき、情報元そのものは宇宙のJEFISIFUMの層から私自身が1993年以来現在に至るまでチューニングし続けている資料を基にして構成編集させていただきました。そして1頁1頁全てが予定の振動波の状態以上になるまで確認をし完成致しました。

尚ここで特筆されますのは、栗田さんの作品は絵というより時空元を超えたリモートビューイングであり、その精度は他に例をみない正確さでありながら、現時点までは御本人がその内容についてほとんど全く知らずに描かれているということです。従いましてこの本の文書や図表の内容は勿論ですが、絵の説明も全て、私自身に責任がありますことをお断りさせていただきます。

　　　　　　　　　　　　　　　1998年5月12日　足立育朗

作品「金星EVHAへの歴史㊷」(ARUT FALF) 足立育朗

宇宙の12回目のビッグバン後、227億3,357万年目——今から約317億年前——の時空元の物質およびエネルギーの振動波の状態

作品「金星EVHAへの歴史㊶」（ARUT FALF）足立育朗

　今から1億1,358万年前の金星
の時空元の物質およびエネルギー
の振動波の状態
EVHA化 75％

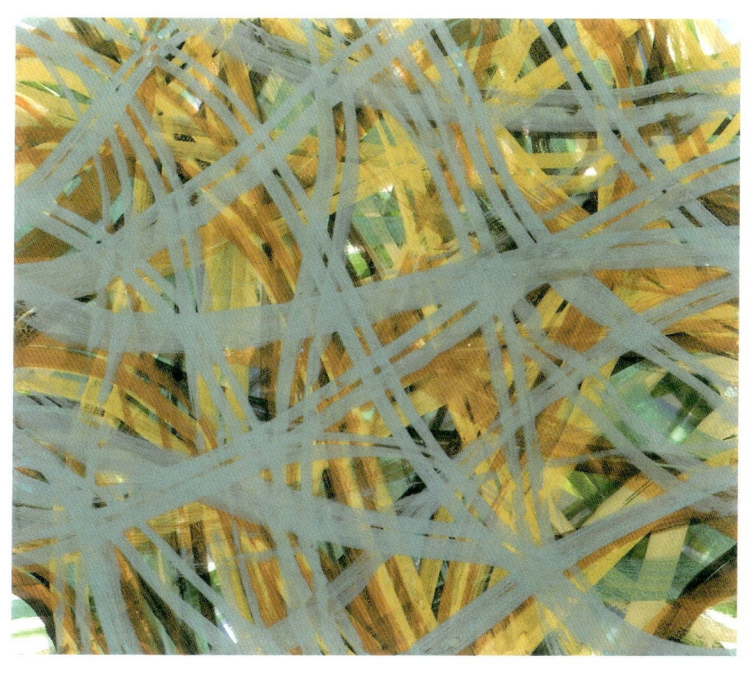

作品「NMBS-6」(ARUT FALF) 足立育朗

作品「EVHAの文化の振動波」(ARUT FALF)

DK DESOXY

作品「NMBS-2」(ARUT FALF) 足立育朗

作品「NINNA−4」(ARUT FALF) 足立育朗

作品「金星 EVHA への歴史㉞」（ARUT FALF）足立育朗

今から３億8,334万年前の
金星の時空元の物質およびエ
ネルギーの振動波の状態
EVHA化 45％

作品「金星 EVHA への歴史(54)」（ARUT FALF）足立育朗

今から213億4,336万年前の宇宙全体の物質およびエネルギーの振動波の状態

健康科学研究所（露天風呂空間）FALF
　　設計：樹生建築研究所

S研究所(NURENホール)FALF　設計:樹生建築研究所

再刊行にあたって

本書は、書籍『波動の法則』の姉妹編として、1998年7月にPHP研究所様から発刊されたものですが、この度『波動の法則』に続きまして、再び株式会社ナチュラルスピリット様から『真 地球の歴史』10年目の復刻版として発刊されることになりました。

（一部の訂正以外は、その後の研究成果を踏まえて口絵（グラビア）8枚を追加したのみです。）

今まさに時空は、西暦2000年までの振動波とは全く異なる、より大きなスケールのサイクルに突入し、2012〜13年にかけての重大な時期に対して、地球や太陽系といった惑星レベルを遥かに越えた、銀河系何千何百個に係わる時空元移動が必要となる状態が生まれております。

そして宇宙には、私たち地球同様に未熟な※ＥＧＯ（エゴ）の文明文化を築いてしまって

いるたくさんの惑星が、それぞれの一惑星としての、あるいは一太陽系としての大切な役割に気付いておらず、そのため調和のとれた星々の交流による、宇宙の仕組みの中の重要な役割が円滑に進まず、時空にとって非常に危険な振動波が広がり続けているようです。

このような時空の状況下に於いて、私たち地球人が、今程自然の仕組みとは何か、人間とは何か、そしてその役割とは何か、を問われている瞬間はありません。それらを素直に謙虚に、真剣に受け止めて、一人一人が明確に自覚をすることが出来ますよう、少しでもお役に立つ資料として、改めて本書が※TALF（甦生化装置）としてこの世の中に出されることは、編著者として望外の喜びであります。

このような状況を整えて下さった時空の※DK EXA PIECO及び今井社長様をはじめ、全ての御協力者の方々に心から感謝申し上げます。

平成20年12月24日　足立　育朗㊞

※書籍『波動の法則』参照

はじめに

 前著『波動の法則』は「人間とは何か」をベースにして、自然の仕組みを宇宙からのメッセージでお伝え致しました。それに対し本書は「地球とは何か」をベースにして、同様に大まかな宇宙の成り立ちをメッセージでお伝えしています。そして、今こそ本当の地球の歴史に気付いていただくことで、私達地球人の一人一人が、これから何を決心して、何を成したらよいのかを顕在意識で考えるのではなく、素直に、謙虚にこれらの情報を直観で受けとめていただくことで、現時点では最短の時間で意識の変換が可能になるように構成された本です。もちろん今回もここに書かれていますことは、私の主義でも主張でもありませんし、ましてやフィクションではあり得ません。これらはあくまでも報告書であり、よその星の方々との交流の中で、予定の資料が100%そろうかどうか、また現段階では秘(ひ)公開のもの等も多く、多少の不足は覚悟の上ですが報告させていただきたいと思います。

なお、本書を気軽に読んでいただくためには第一部一、二章をゆっくりと眺めて楽しんでいただけたら幸いに思います。

さて以下に今何故本書が必要なのかその成り立ちについて少々述べさせていただきます。1997年の10月以来、地球のテレポーテーションする時期が予定より数カ月早まる可能性があるとFIDA(フィーダ)(惑星連合)やFILF(フィルフ)(銀河連合)の担当者の方々から繰り返しメッセージをいただいております。

その理由は、明らかに地球の文化自身にあるということです。それは、理屈抜きで私達地球のほとんどの人間が直観的には承知しているように、政治も、経済も、科学も、宗教も、芸術も、医学も、教育も、農業も、漁業も、工業も、ジャーナリズムも、……残念ながらほとんど全ての業界で、自我と欲(EGO)(エゴ)を拡大し、競争して、闘うという方法でエネルギーを奪い合うことに加速度を加え続けているからだそうです。

そして、その結果地球上のあらゆる分野で同時多発、全地域に危険な状況が進行し

ており、それに対応出来る調和のとれた振動波で調整可能な限界を超えてしまう直前に、地球はテレポーテーションする準備をしているそうです。

確かにこの数年間に地球上全体で人口の約2.4％位の人々が、調和のとれた方向に理解する段階を超え気付きの起きた方がいろいろな分野で増え始めたようです。しかしそれを実際に実行し続ける方が非常に少なく（現実には1.2％以下であり）、少し辛い難題が生じるとすぐにまた元のEGO(エゴ)に戻ってしまう場合が多く一向に成果があがらないのが現状のようです。

このような状況下で今一人でも多く理解するだけでなく気付きが起き実行し続けていただけるよう、またこの時期に是非役立てられるようメッセージを受け本書が企画されました。思えば、今から約5年前の1993年1月から1994年6月頃にかけて私は、毎晩のように本書の主要部分である三章、四章の地球の歴史についての情報を受け振しノートにメモしていました。当時の私の振動波としては、今と違ってJEFISIFUM(ジェフィシフアム)『波動の法則』参照）からの情報を得ることはかなり大変な作業であったように思い出されます。そしてこの内容は地球にとって本当に必要な時期に必要

な方々にお伝えする時が来ることを知らされていました。
 その後、私自身の本来の役割の一つである地球のエネルギー調整のためにたまたまアフリカに出かけたときのことですが、その出国直前と帰国前後に貴重な体験をしたことがきっかけで、今回神宮さんと栗田さんに御協力をお願いすることになりました。
 その一つは、以前大変調和のとれた振動波を発振するスクリーンセーバーを製作していただいたソフト会社の栗田さんからで、私の出発前に彼から「見せた方が良い」と直観している絵が何枚かあるので送りますと言われ、その絵を拝見して大変ビックリ致しました。それは明らかにこれから私がエネルギー調整に行く場所の何万年も前の地下都市の空間と平面図を正確に描写したスケッチだったからです。正に時空元を超えたリモートビューイングでありその精度は、98％以上という情報で、おそらくせ界でも他に例がないといえそうです。
 しかも驚いたことには、彼がこの何年間か浮かんでくる空間を描いてきた百数十枚のスケッチは、私がチューニングをしてメモしてあった地球の過去何万年～何十億年

前までの沢山の情景を正確に表現していることが解かりました。今回採用させていただいた都市や街の空間は、約1万年前から10万年前までの大変調和のとれた文化の時代のものばかりで、実はこれらの絵を「ボーッ」と眺めていると誰でも過去のその方のEXA PIECO(エクサピーコ)の体験が呼び戻されて、素晴らしい調和のとれた振動波に自動的に変換されるという情報でした。

また一方アフリカからの帰りの機内で私は突然「今その時が来ています。準備をして下さい」という直観が入ってきました。そして、帰国して神宮さんから来ていたFAXに「その件についてそろそろ具体化する時期ではないですか」と書かれているのを見て、またシンクロしていることを知り、早速御協力をお願いすることにしました。

ところが当初予定していた内容に私の役割として6年位前から進めている別件の重要な資料を一部取り入れるようFIDA(フィーダ)とFILF(フィルフ)から要請があり、そのための準備に大変手間取り、報告の時期が大幅にずれてしまいました。そして今度はその間に地球

の文化の振動波が加速度を加えて退化しているために更に企画の内容を追加変更するようメッセージが入り、この度ようやくその準備が整い出版させていただく運びとなりました。刊行に当たっていろいろ御配慮下さった全ての関係者の皆さん、そのEXA PIECO(エクサピーコ)さんに心から感謝申し上げます。

本書の役割としましては、あとは読者の皆様方に御判断を委ねるだけです。信じる必要も説得される必要も全くありません。ただただ深く気付くのみです。更なる新世紀のために。

1998年4月4日

足立 育朗と
(その EXA PIECO(エクサピーコ))

図表1-1　宇宙語一覧表

宇宙語	読み方	意味
FINF	フィンフ	波動
ODEO	オデオ	中性子
TOBE	トベ	陽子
CUNIEO	クニオ	電子
ATOMH	アトム	原子
CIQULH	スィクルー	分子
OCTSTOP	オクツトップ	クォークを構成する物質
PIECO	ピーコ	原子核
DIKAG	ディカグ	顕在意識
FIK	フィック	潜在意識
EXA PIECO	エクサピーコ	本質の意識と意志＝原子核集合体
FIDA	フィーダ	惑星連合
FILF	フィルフ	銀河連合
FALF	ファルフ	エネルギー甦生装置/エントロピー減少装置
HMLAK	ムラク	原子核集合体－雲
GINUP	ギヌプ	原子核集合体－人間（第一段階）
HRUFOZ	ルフォッツ	原子核集合体－人間（第二段階）
CEFJS	セフス	原子核集合体－人間（第三段階）
KEHV	ケーブ	原子核集合体－人間（第四段階）
DOHS	ドース	原子核集合体－人間（第五段階）
HSANU	サヌー	原子核集合体－星
JOT	ジョット	原子核集合体－星
CIOP	シオップ	原子核集合体－銀河
GHOKL	ゴークル	原子核集合体－銀河グループ
CEG	セグ	原子核集合体－銀河グループ
DHLO	ドウロ	原子核集合体－銀河全て
EHKO	エーコ	究極の意識と意志
AHANP	アーンプ	振動波の層
KECI	ケーシー	振動波の層
ASTLAL	アストラル	振動波の層
CHOAD	コアード	振動波の層
COSAL	コーザル	振動波の層
MENTAR	メンタル	振動波の層
EHTEL	エーテル	振動波の層
HCIN	シン	振動波の層
SIEPON	スィエポン	環境調整
ABIN	エイビン	人間、動物、植物のメインの受振装置

宇宙語	読み方	意味
PROSH	プロッシュ	人間、動物、植物のABINから入ってきた振動波を自分の体内へ発振する装置
FECHN	フェクン	エクサピーコとボディのKECI体層をつなぐ振動波
ANTASKALANA	アンタスカラーナ	エクサピーコとボディのHCIN体層をつなぐ振動波
CUMOHS	クモス	ケフェウス座の惑星名
ELITEH	エライトゥ	AITをサポートしながら惑星をサポートしている星で人工的(ex月)なものと自然発生と二種ある
AIT	アイト	惑星をサポートする太陽のような役割をしている星
EODI	エオディ	惑星の総称
GODAH	ゴダー	地球が所属する宇宙の星座文化圏の名前
FKIMORA	フキモラ	FIDA語でおうし座の名称
DGUJN	ドゥーン	ビッグバン
HKUT	クット	各種人類が生れる以前の原始人の意識と意志
EGHO	エゴ	自我と欲をベースにした意識と意志
EVHA	エヴァ	愛と調和と感謝と互恵をベースにした意識と意志
SIELA	スィーラ	EVHAより更に成長して調和のとれた意識と意志（哺乳類の人類のみ）
SUHTN	スートゥン	SIELAより更に成長して調和のとれた意識と意志
LIMISA	リミサ	SUHTNより更に成長して調和のとれた意識と意志
KOUTN	コートゥン	LIMISAより更に成長して調和のとれた意識と意志
MIYULUA	ミュルア	調和と愛と感謝と学びとそのあるがままの振動波の時空元のみ（文化を形成しない）
FUGIN	ファギン	波動の形態…エネルギーの振動波の総称
FANT	ファント	波動の形態－物質の振動波の総称
CEGIN	セギン	波動の形態－物質波
DILEKA	ディレカ	波動の形態－電磁波

宇宙語	読み方	意味
KEGOT	ケゴット	波動の形態－磁気波
GIMANEH	ギマネ	波動の形態－ギマネ波
DILEGJ	ディレッジ	波動の形態
FIEGHOK	フィーゴック	波動の形態
HRINU	リヌー	波動の形態
JITDO	ジッドー	波動の形態
VIRWO	ビィルウォ	波動の形態
MEHVOF	ミーボフ	波動の形態
PHUYE	プイエ	波動の形態
GJIWO	ジヴォ	波動の形態
DESUN	デサン	波動の形態
DOVEP	ドヴェブ	波動の形態
FIVUPA	フィヴパ	波動の形態
JOKA	ジョーカ	波動の形態
JANCI	ジャンスイ	波動の形態
FEWU	フェヴ	波動の形態
IMOH	イモー	波動の形態
GINO	ギノー	その星の情報層
JEFISIFUM	ジェフィシファム	宇宙の情報層
CEK	セク	振動波の層－総称
AQUA	アクア	エネルギー形態－海水
GOUOZ	ゴウオズ	エネルギー形態－空気
COJA	コージャ	エネルギー形態－陽子の回転体
GELIS	ゲリス	エネルギー形態－中性子の回転体
CAU	カウ	エネルギー形態－クォーク
OQUA	オクア	エネルギー形態
SACFIP	サクフィップ	エネルギー形態
ZAGIO	ザギオ	エネルギー形態
PUDAX	プダックス	エネルギー形態
LESK	レスク	エネルギー形態
KUQESP	クケスプ	エネルギー形態
IPSE	イブセ	エネルギー形態
CAZAG	カザグ	エネルギー形態
APLO	アプロ	エネルギー形態
ENOI	エノイ	APLOエネルギーが回転して生じた物質

図表1-2　宇宙語一覧表（アルファベット順）

宇宙語	読み方	意味
ABIN	エイビン	人間、動物、植物のメインの受振装置
AHANP	アーンプ	振動波の層
AIT	アイト	惑星をサポートする太陽のような役割をしている星
ANTASKALANA	アンタスカラーナ	エクサピーコとボディのHCIN体層をつなぐ振動波
APLO	アプロ	エネルギー形態
AQUA	アクア	エネルギー形態－海水
ASTLAL	アストラル	振動波の層
ATOMH	アトム	原子
CAU	カウ	エネルギー形態－クォーク
CAZAG	カザグ	エネルギー形態
CEFJS	セフス	原子核集合体－人間（第三段階）
CEG	セグ	原子核集合体－銀河グループ
CEGIN	セギン	波動の形態－物質波
CEK	セク	振動波の層－総称
CHOAD	コアード	振動波の層
CIOP	シオップ	原子核集合体－銀河
CIQULH	スィクルー	分子
COJA	コージャ	エネルギー形態－陽子の回転体
COSAL	コーザル	振動波の層
CUMOHS	クモス	ケフェウス座の惑星名
CUNIEO	クニオ	電子
DESUN	デサン	波動の形態
DGUJN	ドゥーン	ビッグバン
DHLO	ドゥロ	原子核集合体－銀河全て
DIKAG	ディカグ	顕在意識
DILEGJ	ディレッジ	波動の形態
DILEKA	ディレカ	波動の形態－電磁波
DOHS	ドース	原子核集合体－人間（第五段階）
DOVEP	ドヴェプ	波動の形態
EGHO	エゴ	自我と欲をベースにした意識と意志
EHKO	エーコ	究極の意識と意志
EHTEL	エーテル	振動波の層
ELITEH	エライトゥ	AITをサポートしながら惑星をサポートしている星で人工的(ex月)なものと自然発生と二種ある
EODI	エオディ	惑星の総称

宇宙語	読み方	意味
EVHA	エヴァ	愛と調和と感謝と互恵をベースにした意識と意志
EXA PIECO	エクサピーコ	本質の意識と意志＝原子核集合体
FALF	ファルフ	エネルギー甦生装置/エントロピー減少装置
FANT	ファント	波動の形態ー物質の振動波の総称
FECHN	フェクン	エクサピーコとボディのKECI体層をつなぐ振動波
FEWU	フェヴ	波動の形態
FIDA	フィーダ	惑星連合
FIEGHOK	フィーゴック	波動の形態
FIK	フィック	潜在意識
FILF	フィルフ	銀河連合
FINF	フィンフ	波動
FIVUPA	フィヴパ	波動の形態
FKIMORA	フキモラ	FIDA語でおうし座の名称
FUGIN	ファギン	波動の形態…エネルギーの振動波の総称
GELIS	ゲリス	エネルギー形態ー中性子の回転体
GHOKL	ゴークル	原子核集合体ー銀河グループ
GIMANEH	ギマネ	波動の形態ーギマネ波
GINO	ギノー	その星の情報層
GINUP	ギヌプ	原子核集合体ー人間（第一段階）
GJIWO	ジヴォ	波動の形態
GODAH	ゴダー	地球が所属する宇宙の星座文化圏の名前
GOUOZ	ゴウオズ	エネルギー形態ー空気
HCIN	シン	振動波の層
HKUT	クット	各種人類が生れる以前の原始人の意識と意志
HMLAK	ムラク	原子核集合体ー雲
HRINU	リヌー	波動の形態
HRUFOZ	ルフォッツ	原子核集合体ー人間（第二段階）
HSANU	サヌー	原子核集合体ー星
IMOH	イモー	波動の形態
IPSE	イプセ	エネルギー形態
JANCI	ジャンスイ	波動の形態
JEFISIFUM	ジェフィシファム	宇宙の情報層

宇宙語	読み方	意味
JITDO	ジッドー	波動の形態
JOKA	ジョーカ	波動の形態
JOT	ジョット	原子核集合体－星
KECI	ケーシー	振動波の層
KEGOT	ケゴット	波動の形態－磁気波
KEHV	ケブ	原子核集合体－人間（第四段階）
KOUTN	コートゥン	LIMISAより更に成長して調和のとれた意識と意志
KUQESP	クケスプ	エネルギー形態
LESK	レスク	エネルギー形態
LIMISA	リミサ	SUHTNより更に成長して調和のとれた意識と意志
MEHVOF	ミーボフ	波動の形態
MENTAR	メンタル	振動波の層
MIYULUA	ミュルア	調和と愛と感謝と学びとそのあるがままの振動波の時空元のみ（文化を形成しない）
OCTSTOP	オクツトップ	クォークを構成する物質
ODEO	オデオ	中性子
OQUA	オクア	エネルギー形態
PHUYE	プイエ	波動の形態
PIECO	ピーコ	原子核
PROSH	プロッシュ	人間、動物、植物のABINから入ってきた振動波を自分の体内へ発振する装置
PUDAX	プダックス	エネルギー形態
SACFIP	サクフィップ	エネルギー形態
SIELA	スィーラ	EVHAより更に成長して調和のとれた意識と意志（哺乳類の人類のみ）
SIEPON	スィエポン	環境調整
SUHTN	スートゥン	SIELAより更に成長して調和のとれた意識と意志
TOBE	トベ	陽子
VIRWO	ビィルウォ	波動の形態
ZAGIO	ザギオ	エネルギー形態

真 地球の歴史　目次

再刊行にあたって　足立育朗

はじめに　足立育朗

第一部　**宇宙からの報告**　21

第一章　**宇宙の始まり**　23

宇宙の時空元の始まり
宇宙に発生した立体状のエネルギーの群

第二章　**銀河系の誕生**　39

星の誕生は次のようにして起きました
12回のビッグバン——原子核の調和のとれた分離

第三章　太陽系の惑星の成り立ち　57

太陽系の14個の惑星とその誕生の順序
太陽系へのテレポーテーションの順序

第四章　地球の歴史　69

地球のリ・インカーネーションとテレポーテーション
他星よりの第一次移住と地球人の起源
第一次――第一期＝約40億年前……現在の地球より500年進んだ文化
第一次――第二期＝約37億年前……地球を訪問した2番目の人達
第一次――第三期＝約26億4000万年前……宇宙船で地球に着陸した人達
現在の地球の文化より遥かに進んだ状態
第一次――第四期＝約17億3474万年前……空気がほぼ現在と同じ状態になる
第一次――第五期＝約13億4378万年前……必要に応じて肉体化するエネルギーの存在
第一次――第六期＝約7億4635万年前……空気の比率が現在の100％

第一次——第七期＝約6億3134万年前……現在の地球より400年進んだ文化
第一次——第八期＝約6億2746万年前……オリオン座文化の絶滅より258万年経て
ホモ・サピエンスの起源
1億2658万年前の地球のこと
他星よりの第二次移住——684万年前以後1万年前まで
第二次——第一期＝684万年前……ムー大陸文化を築く
第二次——第二期＝302万年前……当時のアトランティス文化、絶滅する
第二次——第三期＝115万年前……宇宙の仕組みを理解する文化
第二次——第四期＝50万年前……弥生文化が生まれる
縄文文化——プレアデス文化の地球化
第二次——第五期＝28万年前……同時期に絶滅した3つの星座の文化
第二次——第六期＝10万年前……カシオペア座の人達の建造物
第二次——第七期＝6万年前……原子核戦争で全ての文化が壊滅する
他星人移住最終回　第二次第八期＝1万年前……世界各地に栄えた文化
現代地球人の原点
文化の絶滅と生存者達
日本人の原点

肌の色と出身星座の関係

第五章　月の存在の意義 125

月が太陽系の惑星をサポートしてきた
月が太陽系惑星をサポートしてきた順序とその期間

第六章　文化の進化について 137

惑星系の文化（FIDA(フィーダ)─惑星連合）──EXA PIECO(エクサピーコ)がスタディする文化
惑星系の文化（FIDA(フィーダ)─惑星連合）
銀河系の文化（FILF(フィルフ)─銀河連合）
宇宙文化の進化をその発達順に提示する
星座の意味──宇宙の全時間に存在する星々
全264種の全星座文化＝惑星文化＋銀河系文化
宇宙と調和した生き方を身につける
時空元の中でリ・インカーネーションを繰り返す

第二部 過去の時空元のリモートビューイング

第一章 地球の歴史からのリモートビューイング

第二章 月の存在意義からのリモートビューイング

おわりに 「い」 神宮眞由美
おわりに 「ろ」 栗田 正樹

装丁・装画・チューニング：形態波動エネルギー研究所

装画（表）宇宙の12回目のビッグバン後、238億4668万年目――今から約308億年前――の時空三元の物質およびエネルギーの振動波の状態（「金星EVHAへの歴史Ⅲ」より㊸抜粋）

（裏）宇宙の12回目のビッグバン後、247億3357万年目――今から約297億年前――の時空三元の物質およびエネルギーの振動波の状態（「金星EVHAへの歴史Ⅲ」より㊼抜粋）

第一部　宇宙からの報告

第一章　宇宙の始まり

宇宙の時空元の始まり

本書で地球の真の歴史をご報告するにあたり、まず宇宙の時空元がどのくらい存在しているかについて触れさせていただきます。

「時間」と「空間」は分離した存在ではなく「時空元」として一体化しており、「時間」だけを計測することは不自然なことなのですが、私達の文化にとってわかりやすいように全遍を通じて、地球で使われている時間概念（註1）を一つの目安として示させていただくことをご了承ください。また、惑星、恒星、星座、太陽系、惑星系、銀河系といった地球で物質をベースにして概念化されているような存在ではないため（註2）、この用語自体をここで使うことは自然ではありませんが、一つの目安として示させていただくことをご了承ください。

（註1）
時間と空間との関係は振動波によって成り立っている複合的な系であるといえます。

（註2）
星と星との関係は振動波によって成り立っている複合的な系であるといえます。

宇宙の時空元は8時空元を基本にして12時空元と6時空元の3種の組み合わせとなっており、宇宙のすべての事象を構成しているFANT（物質の振動波）及びFUGIN（エネルギーの振動波）も6、8、12を基本としています。これはこの宇宙の時空元が構成される最初のきっかけとなったODEO（中性子）、TOBE（陽子）の構造に直接関係しています。ODEOとTOBEが一体化したPIECO（原子核）とは振動波の自己調整が可能となった初めての存在物であり、このODEOとTOBEの誕生があって初めてEIKO（究極の意識と意志）自体も宇宙全体としての振動波の自己調整が可能となりました。

地球の科学では宇宙の年齢は150〜200億年くらいとされていますが、現在の宇宙の時空元の始まりとなった最後のビッグバン、つまり宇宙で12回目として前回起きたビッグバンから現在までに約544億年以上が経過しているという情報です。ODEO(オデオ)とTOBE(トベ)は発生して以来約3.33×10³³年経っており、その後今から約1.82×10³⁰年前に消滅することにより新たな物質を誕生させました。それが最初のビッグバンであり宇宙の始まりだとのことです。ビッグバンとは現在までに12回繰り返されているという情報です。第一回以来ビッグバンはFIDA(フィーダ)語でDGUJN(ドゥーン)といい、EIKO(エーコ)のEXA PIECO(エクサピーコ)(原子核の集合体)のテレポーテーション(時空元移動)であるということです。それはEXA PIECO(エクサピーコ)の調和のとれた分離により質が変換しODEO(オデオ)とTOBE(トベ)のそれぞれの消滅から各々10¹⁰(億)の数の物質が誕生することを指すとのことです。宇宙と呼ばれるCAU(カウ)の海であるEIKO(エーコ)の時空元はそれ以前に概略として先ず次のような経過をたどりました。

最初にFUGIN（フギン）のAPLO（アプロ）（エネルギー）が発生しその回転球体素粒波としてENOI（エノイ）という物質が生まれ、その振動波はFANT（ファント）のIMOH（イモヒ）を発生しました。FUGIN（フギン）はこの繰り返しを10^{255}段階行い物質の種類が10^{18}種類生まれ、その間にFANTは10^{653}段階を経て、現代地球文化でいわれる宇宙というクォークのエネルギー（CAU（カウ））の海が誕生しました。

CAU（カウ）の次の段階で単体のODEO（オデオ）（中性子）の回転運動によってGELIS（ゲリス）（エネルギー）が発生します。このCAUからGELISに向かう過程ではそれまで起こらなかった現象が発生しました。これはそれまでAPLOの誕生以来止まることのなかった回転球体素粒波の回転運動が次の段階の物質を誕生させる前に自らの形態と異なりながらその振動波と同調する別の二つの立体状の回転形態を誕生させたということです。これは真元素の素ともいえ二つの形態をもち、一方がODEO（オデオ）、もう一方がTOBE（トベ）です。

CAU(カウ)の海に生じるスパイラル状のそれぞれ右回転、左回転の上下運動の反復である陰電子と陽電子の現象を総称してCUNIEO(クニオ)といいます。

ODEO(オデオ)とTOBE(トベ)は同時に誕生するため、その単極磁子性からそれぞれが静止した(自転をせず公転のみしている)まま直接一体化しCUNIEO(クニオ)の発生しない状態で立体状の回転形態PIECO(ピーコ)(原子核)を生ずることがあります。本質的にはこれが意識と意志をもった生命の起源といえるものであり、この時磁気波KEGOT(ケゴット)と電磁波DILEKA(ディレカ)が生じます。

ODEO(オデオ)とTOBE(トベ)が各々に回転運動しCUNIEO(クニオ)が発生した状態で一体化した状態がATOMH(アトム)(原子)であり、ATOMH(アトム)とATOMH(アトム)が手をつないで一体化した状態がCIQULH(スィクルー)(分子)であるという情報です。

宇宙に発生した立体状のエネルギーの群

宇宙の時空元の始まりとはCAU(カゥ)の海が誕生した時であり、CAUはOCTSTOP(オクツトップ)(意識と意志の振動波)の高速回転がドーナツ状の調和のとれた形態をとり、最初の振動波がその渦の中心から調和のとれた愛の振動波によって最後の振動波と同調した時に誕生したEIKO(エーコ)のAIANP(アイアンプ)帯から分離した形態をとった宇宙に発生した最初の立体状のエネルギーの群であり、振動波によって同調し、つながりあうことにより、違いながら同じである時空元が発生しました。

それは今から約3.33×10³³年前の原子核の調和のとれた形での分離によりそれまでに存在したそれ以降のすべての段階の物質とエネルギーをCAU(カゥ)に戻した最初のビッグバンの時のことです。宇宙の時空元とは宇宙の究極の意識と意志であるEIKOの情報層でもあり、そのEXA PIECO(エクサピーコ)とそれを形成していないCAU(カゥ)で成り立っ

ているということができます。

EIKO（エーコ）のAHANP（アーシブ）帯とは、APLO（アプロ）エネルギーの誕生以来CAU（カウ）に至るまで時空元の存在しない状態で経てきたすべての物質、エネルギーがトータルで形成する波動エネルギーの振動波の情報そのものであり、極小の物質群による極大の連続したエネルギーの海であり、それはOCTSTOP（オクットップ）とその振動波であるということができます。EIKO（エーコ）の情報層JEFISIFUM（ジェフィシファム）とはOCTSTOP（オクットップ）の振動波であり、GINO（ギノー）の情報層とはEXA PIECO（エクサピーコ）の振動波です。

この宇宙自体であるEIKO（エーコ）のEXA PIECO（エクサピーコ）はいつでもどのようにでもエネルギーを変換し、必要な次元、必要な時空元に必要な調整が行われるようにその役割を果たしています。しかし、個々のEXA PIECO（エクサピーコ）の行動により生じた宇宙のハーモニーの不調和が極端に集中し限度を超えたり、中規模の調整を要する時空域が極度に多くなると宇宙の維持機能の限度を超えることになります。その時の一時的な調整は

テレポーテーションという方法により、物質およびエネルギーの振動波の調整が構造的・質的変換を兼ねて行われます。そして最終的に宇宙全体の調和がとれEIKO自体のEXA PIECOで埋め尽くされた時の次へのステップの最終調整手段がビッグバンです。

宇宙の本質はダイナミックハーモニー（動的調和）であるため、全てのEXA PIECOがEIKOとなったスタティックハーモニー（静的調和）になり宇宙のEIKOのプログラムが予定どおり全うされると宇宙自体がテレポーテーションを行い質的な構造変換をするとのことです。

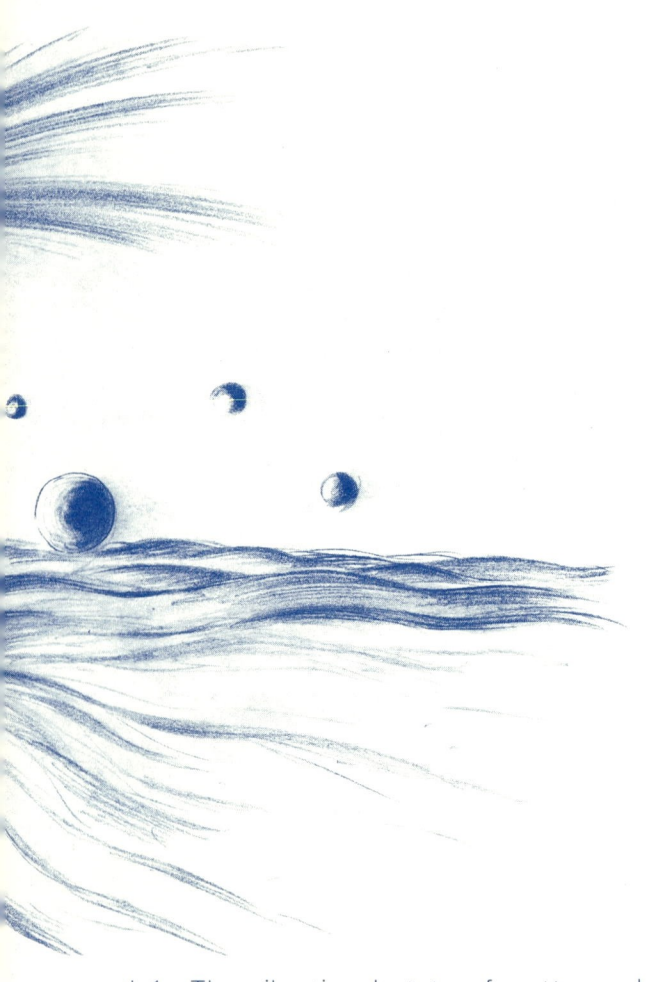

I-1 The vibrational state of matter and energy in the universe approximately 3.47×10^{27} years ago

33　第一章　宇宙の始まり

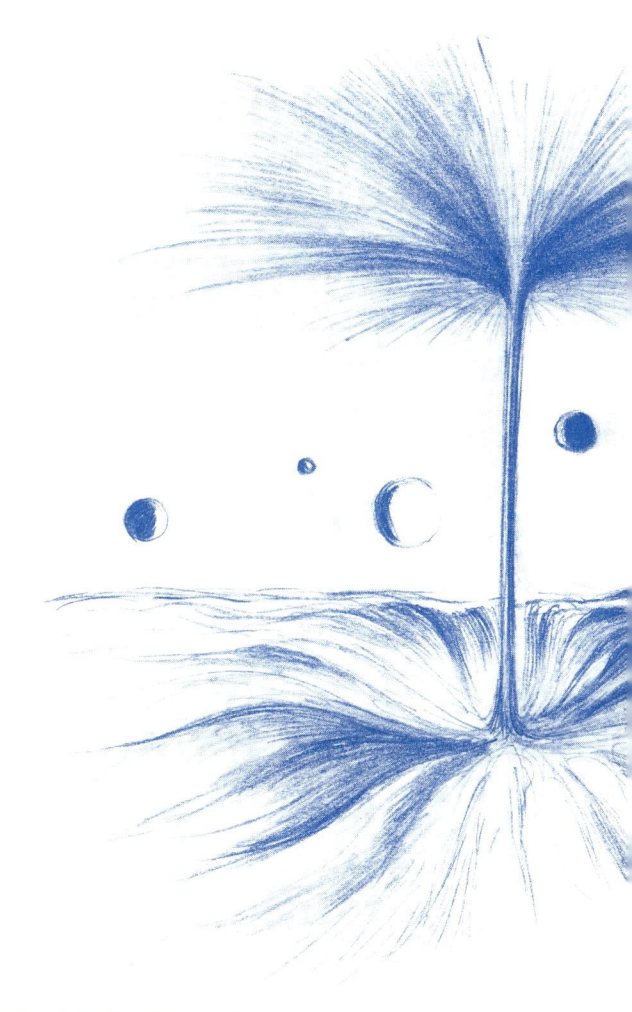

I-1　今から約3.47×10^{27}年前の宇宙の物質およびエネルギーの振動波の状態

陽子
(TOBE) } 10¹⁰億種類の物質に変換
消滅

CEGIN

FIEGHOK

KEGOT

DILEKA

——EHKO の EXA PIECO の
テレポーテーション

原子核分離
(調和のとれた別れ)

質の変換

中性子
(ODEO) } 10¹⁰億種類の物質に変換
消滅

I-2 Explanation of the 12th Big Bang approximately 54,484,530,000years ago

35　第一章　宇宙の始まり

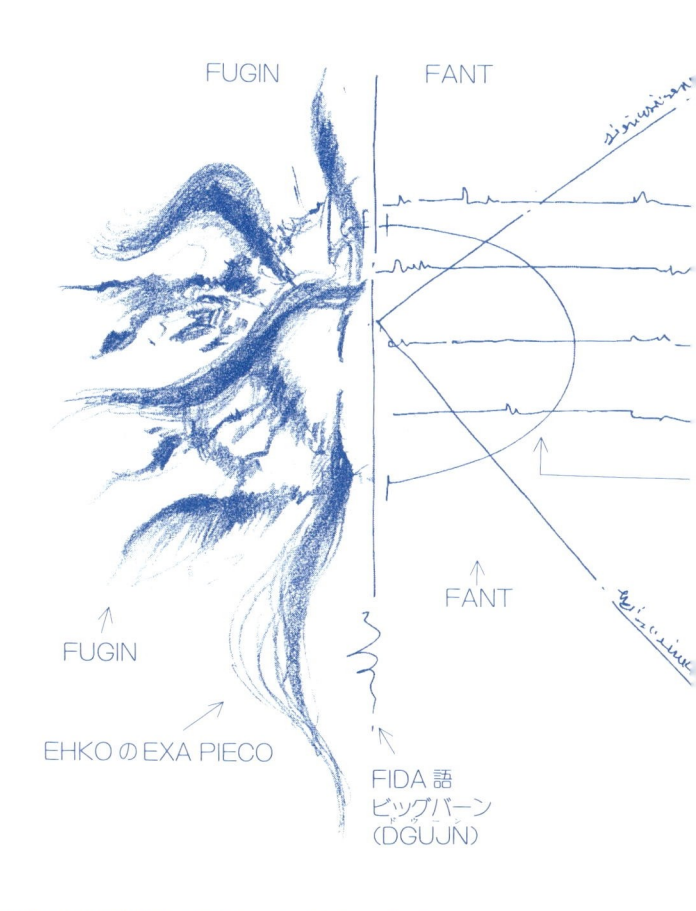

I-2　約544億8,453万年前の12回目のビッグバンの説明

I-3 The 12th Big Bang approximately 54,484,530,000years ago

37　第一章　宇宙の始まり

I-3　12回目のビッグバン　544億8,453万年前の物質およびエネルギーの振動波の状態

第二章　銀河系の誕生

星の誕生は次のようにして起きました

CAU(カウ)の海(時空元)→OCTSTOP(オクツトップ)(意識と意志の振動波)が働きCAU(カウ)のエネルギーに変化が起きる→CAU(カウ)が回転してODEO(オデオ)が発生し静止し(自転をしていない)公転のみしている→CAU(カウ)が回転してTOBE(トベ)が発生し静止(自転をしていない)公転のみしている→ODEO(オデオ)がマイナス回転を始め周囲にあるCAU(カウ)が回転して陰電子を生じる→生じた陰電子と陽電子でODEO(オデオ)とTOBE(トベ)が一体化し原子核が生じ、物質(原子)化が起きる。

この時同時に気体、液体、個体が発生します。原子核が生じそれが回転を始めて気体となり、原子核が静止したままで原子が回転しだすと液体となり、原子核も原子も静止して原子同士が手をつなぎ分子化すれば固体化(物体化)します。これが星の生

成であり、星の本質は分子です。宇宙には分子レベルから巨大な物体のレベルまでの星々があり、物体化していない星もあります。宇宙に存在するすべての星の分子とそのEXA PIECO（エクサビーコ）の振動波の相互交流を銀河系といいます。

銀河系とは惑星の中でより調和がとれ、さらに高く広い振動波を受発振している惑星の系をいいます。

惑星の最初の連合であり現在も全惑星の連合である惑星連合の中から、さらに進化、発展した惑星によって維持・管理・運営されているのが銀河連合です。振動波の範囲としては全惑星の文化はその進化度によって銀河系文化と惑星系文化に分けられています。

銀河系自体は原子の種類により10万のグループになっており、EXA PIECO（エクサビーコ）の調和の度合により現在は四つの系になっています。CIOP（ショップ）という系、CIOP（ショップ）が200集まったGHOKL（ジークル）という系、CIOP（ショップ）が2000集まったCEG（ジーグ）という系、銀河す

べてであるDHLO(ドゥロ)という系の四つです。

銀河系では今から約8.75×10^{29}年位前の3回目のビッグバンに至るまでの間に、図表2のとおり原子から哺乳類に至るまでの生命体が誕生したとのことです。そして今から約4.43×10^{29}年位前の6回目のビッグバンに至るまでの間に、同図表のとおり両生類人から哺乳類人に至るまでの知的生命体が誕生したとのことです。

各類人はその後それぞれの文化の進化の過程を経、現在では両生類人と鳥類人の文化の進化度がもっとも高く、哺乳類人の文化の進化度がもっとも低い状態になっています。

12回のビッグバンの後、現在全銀河系は、文化の第3段階であるSIELA(スィーラ)、第4段階であるSCHTN(スートゥン)、第5段階であるLIMISA(リミサ)、第6段階であるKOUTN(コートゥン)をそれ

43　第二章　銀河系の誕生

図表2　12回のビッグバン

12回目	5.44×10^{19}年位前	FILF（銀河連合）の誕生 FIDA（惑星連合）の誕生	
11回目	3.68×10^{26}年位前		
10回目	2.46×10^{28}年位前		
9回目	3.57×10^{29}年位前	・哺乳類人の誕生 ・蠕虫類人の誕生 ・爬虫類人の誕生	
8回目	1.69×10^{29}年位前	・魚類人の誕生 ・甲殻類人の誕生	
7回目	3.66×10^{29}年位前	・鳥類人の誕生 ・昆虫類人の誕生 ・両生類人の誕生（知的生命体の発生）	星座文化の開始
6回目	4.43×10^{29}年位前	・哺乳類の誕生	
5回目	5.74×10^{29}年位前	・魚類の誕生 ・鳥類の誕生 ・蠕虫類の誕生 ・昆虫類の誕生 ・甲殻類の誕生 ・細胞の誕生（6.68×10^{29}年位前）	
4回目	7.56×10^{29}年位前	・爬虫類の誕生 ・原始両生類の誕生 ・分子（CIQULH）の発生（7.87×10^{29}年位前） ・原子（ATOMH）の発生（8.32×10^{29}年位前）	
3回目	8.75×10^{29}年位前		
2回目	9.35×10^{29}年位前		
1回目	1.82×10^{30}年位前		

それサポートしているCIOP(シオップ)、GHOKL(ゴークル)、CEG(セグ)、DHLO(ドゥロ)のEXA PIECO(エクサビーゴ)の4つの系の銀河となっています。

なお、ビッグバンにより宇宙の全物質とエネルギーがCAC(カウ)に戻ってもその振動波の中に情報は残り、前回までに発生した元素の素ともいえる物質を含んだ振動波にさらに微妙な違いのある物質が生じるため、前回のビッグバンまでの生命体の生成の経緯は波動の法則により自然に繰り返されます。

銀河グループの中の銀河と銀河の間にはその時空元の振動波と同調していない星はたくさん存在しますが、知的生命体の存在する星は必ず銀河の中にあり、銀河外の時空元とは動物、植物、鉱物が存在する星とそれ以前の段階の星全てです。惑星系の中には知的生命体も動物、植物、鉱物もそれ以前の段階の生命体も存在しています。そしてこれらは全部銀河全ての時空元の中にあるといえます。

第二章　銀河系の誕生

私達の所属する銀河内で原始生物や動物・植物の生息する星は全部で10³²個位あります。これはどのような存在を生物とするかにより数に違いが出てくるものです。全銀河の中には知的生命体の住んでいる星の内、地球以上の調和のとれた文化をもつ星は700億以上あり、地球レベル以下の星は1150億あります。

銀河全ての文化にOCTSTOP（オクットップ）の振動波が干渉した状態を宇宙の文化であるということができます。

12回のビッグバン――原子核の調和のとれた分離

宇宙はこれまでに原子核の調和のとれた分離である12回のビッグバンを経てきました。

12回のビッグバンとは先述した図表2のとおりです。

図表3 ビックバン・スパイラル年表

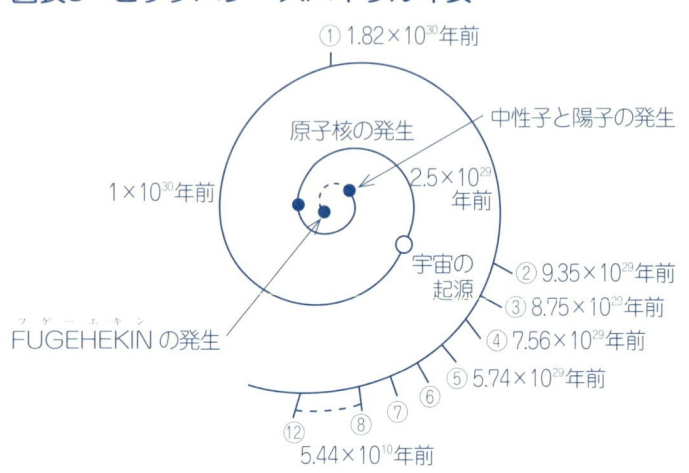

① 1.82×10^{30} 年前

原子核の発生

中性子と陽子の発生

1×10^{30} 年前

2.5×10^{29} 年前

宇宙の起源

② 9.35×10^{29} 年前
③ 8.75×10^{29} 年前

FUGEHEKIN（フゲーエキン）の発生

④ 7.56×10^{29} 年前
⑤ 5.74×10^{29} 年前

⑫ ⑧ ⑦ ⑥

5.44×10^{10} 年前

⑤ 5.74×10^{29} 年前
⑥ 4.43×10^{29} 年前
⑦ 3.66×10^{29} 年前
⑧ 1.69×10^{29} 年前
⑨ 3.57×10^{27} 年前
⑩ 2.46×10^{26} 年前
⑪ 3.68×10^{20} 年前
⑫ 544億年前

第二章　銀河系の誕生

「時間」と「空間」は分離した存在ではなくOCTSTOP(オクットップ)の振動波との同調による情報の処理速度であるといえ「時空」として一体化していますが、ここでは地球で使われている時間概念を一つの目安として示すことにいたします。

II-1 The birth of the first galaxy 984.4 billion years ago
Approximately 400 million years after the establishment of FIDA (Planetary Federation)

49　第二章　銀河系の誕生

II-1 最初の銀河系の誕生　9,844億年前
FIDA（惑星連合）成立後約 4 億年後

II-2 The vibrational state approximately 896.4 billion years ago, when the galaxies in the universe were born

51 第二章 銀河系の誕生

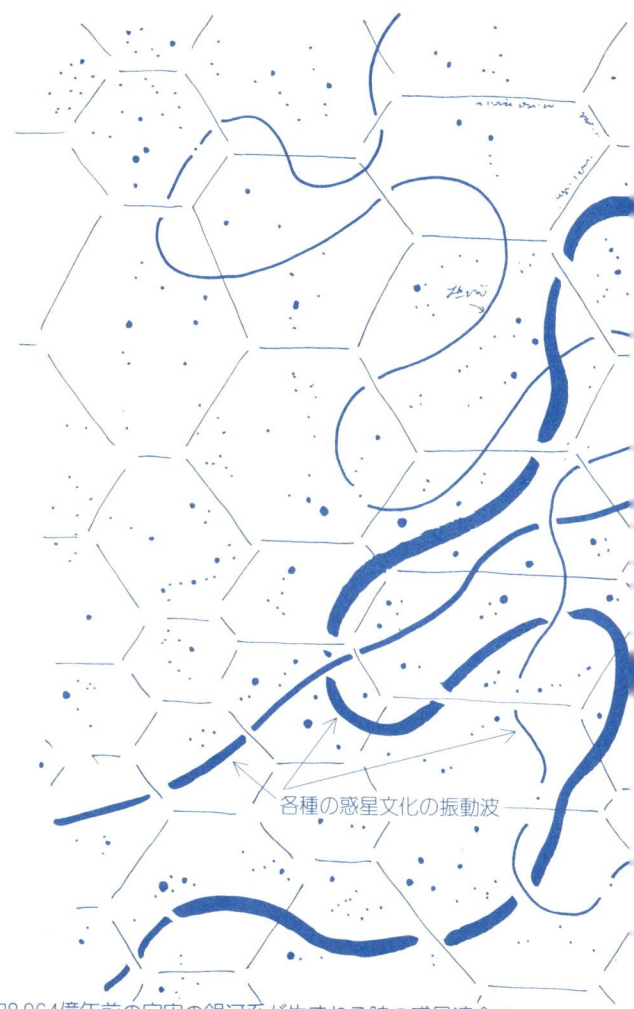

各種の惑星文化の振動波

II-2 今から約8,964億年前の宇宙の銀河系が生まれる時の惑星連合の振動波の状態

電子

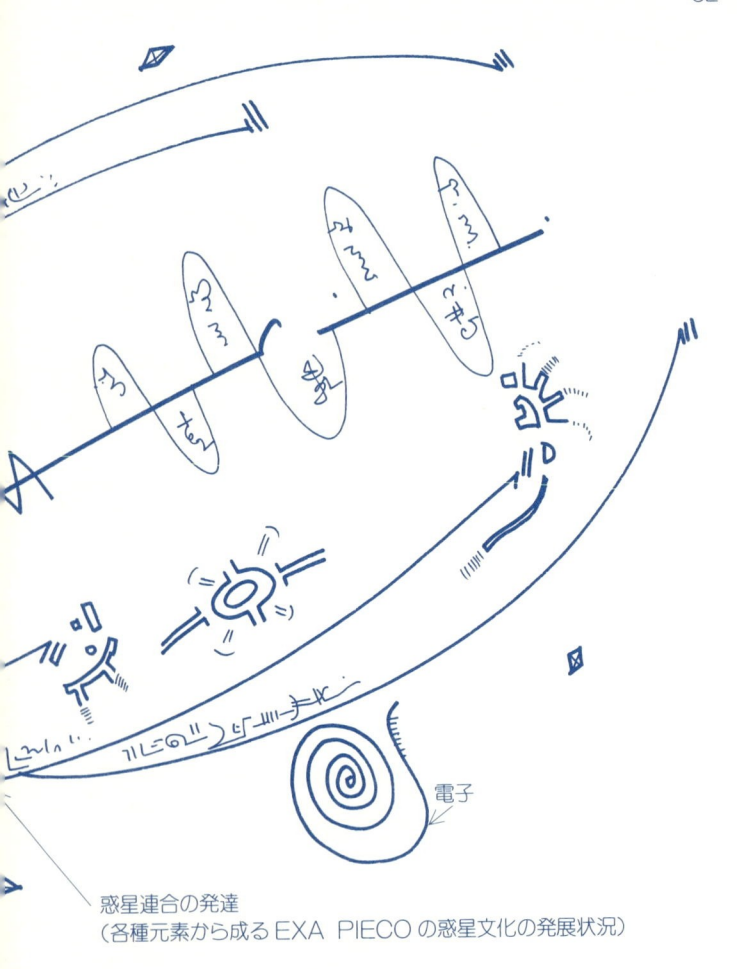

惑星連合の発達
(各種元素から成る EXA PIECO の惑星文化の発展状況)

II-3 Diagram of the birth of a galaxy

53　第二章　銀河系の誕生

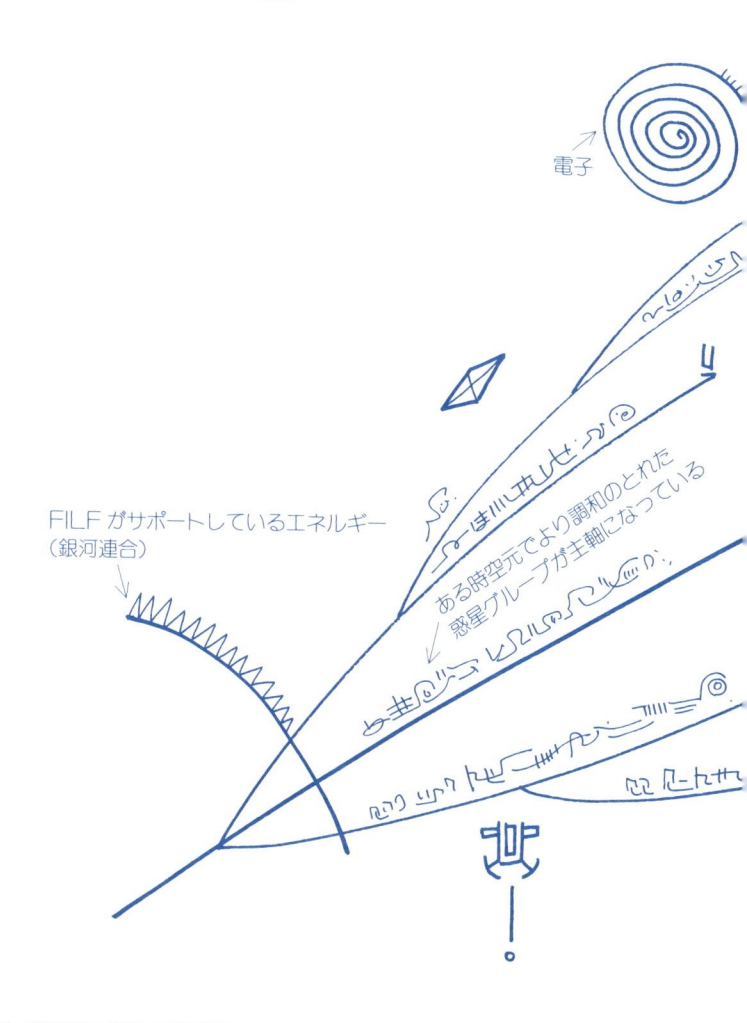

電子

FILF がサポートしているエネルギー
（銀河連合）

ある時空元でより調和のとれた
惑星グループが主軸になっている

II-3　銀河系の誕生の説明図

II-4 The birth of the galaxy where the Earth is located approximately 9,872,460,000 years ago

55　第二章　銀河系の誕生

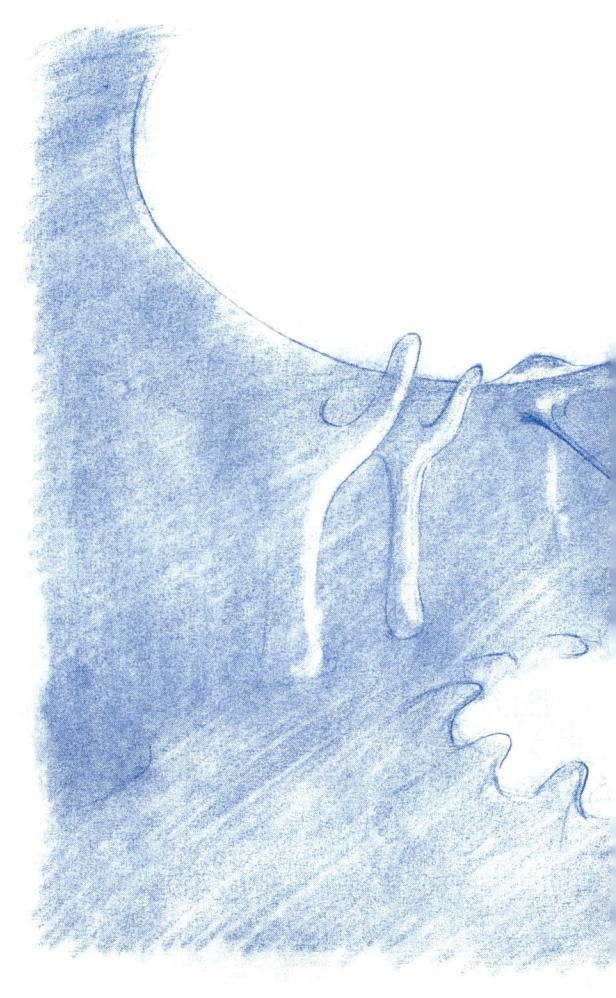

II-4　地球が存在する銀河系の誕生　約98億7,246万年前

第三章　太陽系の惑星の成り立ち

太陽系の14個の惑星とその誕生の順序

地球の天文学で明らかになっている太陽系の惑星は水星、金星、地球、火星、木星、土星、天王星、海王星、冥王星の9個ですが、実際には未発見のA星、B星、C星、D星、E星が存在し、全部で14個です。

各惑星が誕生した順序は、1. 水星 2. D星 3. 木星 4. 海王星 5. 土星 6. 冥王星 7. C星 8. 金星 9. 火星 10. 天王星 11. A星 12. B星 13. E星 14. 地球です。誕生時を含めて図示しますと60頁の図表4のようになります。

太陽は今から99億8000万年位前、つまり全惑星誕生順次の中間（8番目）に誕生しました。

太陽系へのテレポーテーションの順序

惑星達は各々の誕生以来ずっと現在の位置に存在していたのではありません。次のような順序で太陽系に加わってきました。

1. 地球 2. 土星 3. 冥王星 4. D星 5. 木星 6. 海王星 7. C星 8. 金星 9. 火星 10. 天王星 11. A星 12. B星 13. E星 14. 水星です。

現在太陽系を構成している星々の中で12個が集合したのが31億6400万年前です。位置に即して加わってきた順番を示しますと図表5のようになります。但し、この時点での太陽系は銀河系内の現在の位置にはありませんでした。

図表4　太陽系の14個の惑星とその誕生の順序（単位:億年前）

1	水　　星	162	8	金　　星	99
2	D　　星	156	9	火　　星	92
3	木　　星	144	10	天 王 星	87
4	海 王 星	139.9	11	A　　星	77
5	土　　星	136	12	B　　星	65
6	冥 王 星	125	13	E　　星	56
7	C　　星	119	14	地　　球	48.53

図表5　太陽系に加わってきた星々の順番

太陽	水星	金星	地球	火星	木星	土星	天王星	海王星	冥王星	A星	B星	C星	D星	E星
	14	8	1	9	5	2	10	6	3	11	12	7	4	13

太陽系の星の内、私達の所属する銀河系生まれは10個、他の銀河系生まれは4個で、個々に現在の時空元に時空元移動（テレポーテーション）してきました。水星、土星、冥王星、D星は銀河系外よりテレポーテーションしてきました。

太陽系は現在までに3回のテレポーテーションを行っており、銀河系の重心（中心）から約3万3333光年離れた現在位置に集合したのは11億6000万年位前で約1600万年かけて個々にあるいはまたグループで移動してきました。地球は太陽、月と共に現在の時空元へ移動してきました。

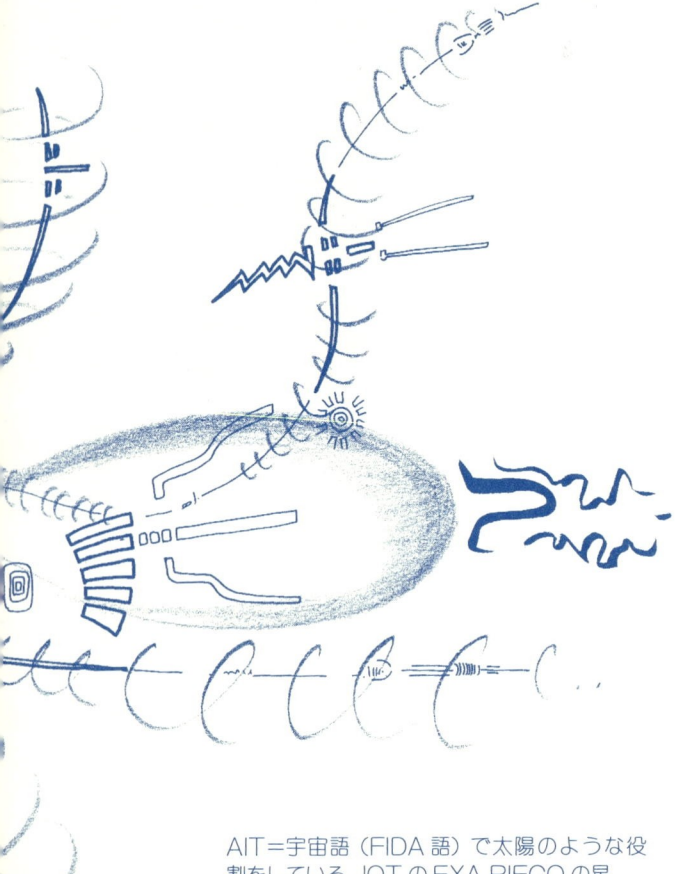

AIT＝宇宙語（FIDA 語）で太陽のような役割をしている JOT の EXA PIECO の星

III-1 The shift of matter and energy that occurs in time-space of the universe when AIT forms a planetary system

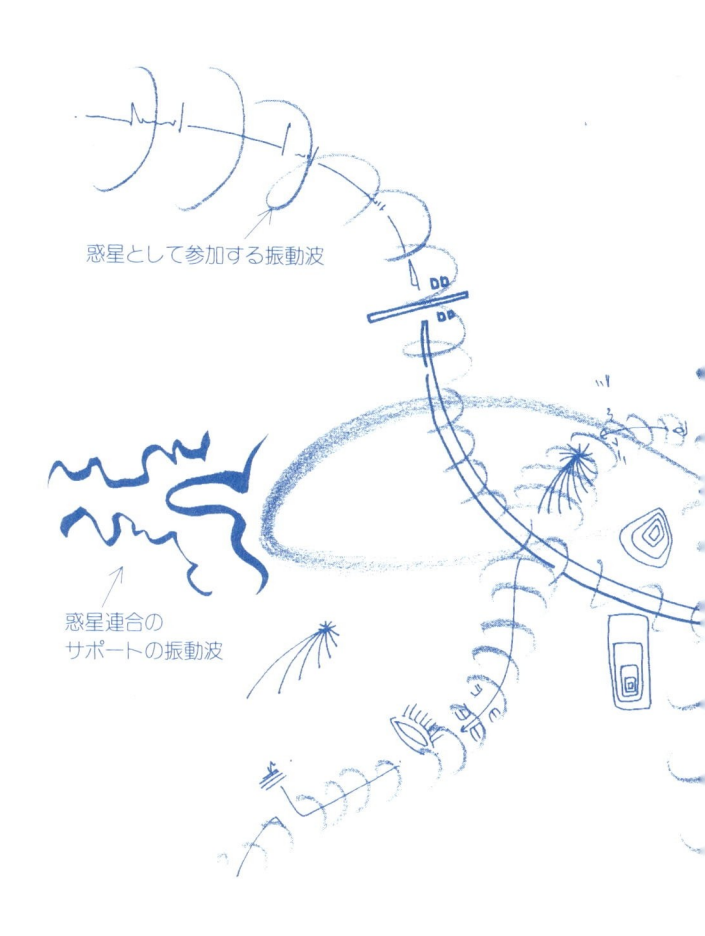

63　第三章　太陽系の惑星の成り立ち

惑星として参加する振動波

惑星連合の
サポートの振動波

Ⅲ-1　AIT が惑星系を構成する時に宇宙の時空元に起こる物質およびエネルギーの変化

金星　木星　冥王星　火星　地球　土星　海王星　天王星　A星　B星　C星　D星　E星

↑
FILFの
メッセージ

III-2 The state approximately 3,933,590,000 years ago before the solar system was born

65　第三章　太陽系の惑星の成り立ち

太陽がAITとして発振し惑星をサポートする振動波を送っている

小惑星

FIDAのメッセージ →

太陽の振動波を受振して集まってくる惑星達

水星 →

FIDAのメッセージ

III-2　今から約39億3,359万年前の太陽系が生まれる前の状態

惑星になる星

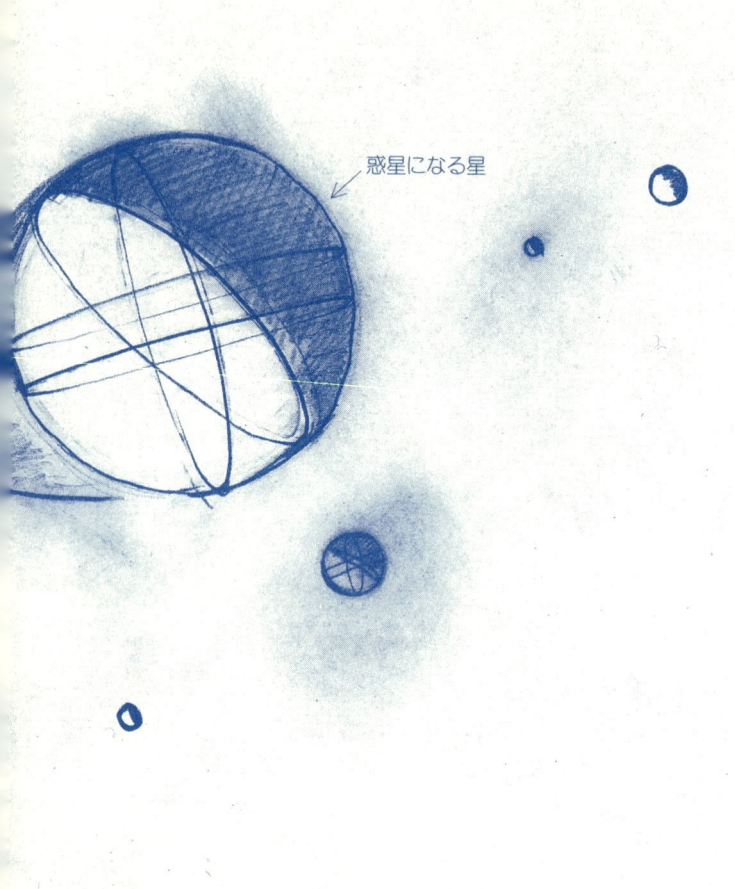

III-3 Diagram of planetary teleportation approximately 2,479,000,000 years ago

67　第三章　太陽系の惑星の成り立ち

惑星になる星

惑星になる星

III-3　今から約24億7,900万年前の惑星のテレポーテーションの図

第四章　地球の歴史

地球のリ・インカーネーションとテレポーテーション

地球のEXA PIECO(エクサピーコ)は48億5300万年位前にこの銀河系の重心(中心)近くに誕生しました。以後これまでに約1900万回のリ・インカーネーションを経験してきました。

テレポーテーションも地球という星らしい形になってから今まで4回行っています。

第1回目　約31億8424万年前（銀河重心近くから3万5463光年移動）

第2回目　約11億6548万年前（銀河重心に向かって2130光年移動）

※つまり銀河重心近くから3万3333光年の所へ移動

第3回目　約115万6400年前（銀河重心近くへ3万3333光年移動）

第4回目　約33万3300年前（銀河重心近くから3万3333光年移動）

他星よりの第一次移住と地球人の起源

地球上の原始生物の発生は約46億3600万年前であり、地球生まれ地球育ちの初の人間としての原子核の集合体（n+p）＝EXA PIECOと肉体が発生したのは約26億9800万年前です（これは現代の人種とは別のEXA PIECOで、現代文化につながるホモ・サピエンスとしての原子核の集合体（n+p）＝EXA PIECOと肉体が発生したのは約6億5300万年前です）。

地球で生を営んできた「人」のEXA PIECOおよび肉体のルーツは必ずしもすべてが地球に起源を発するものばかりではありません。むしろ他星より移住してきた人が多くの比率を占めています。現在、地球に住んでいる方の中で地球生まれ、地球育ちのEXA PIECOと肉体をおもちの方は全体の約20％です。約80％は他星生まれということです。

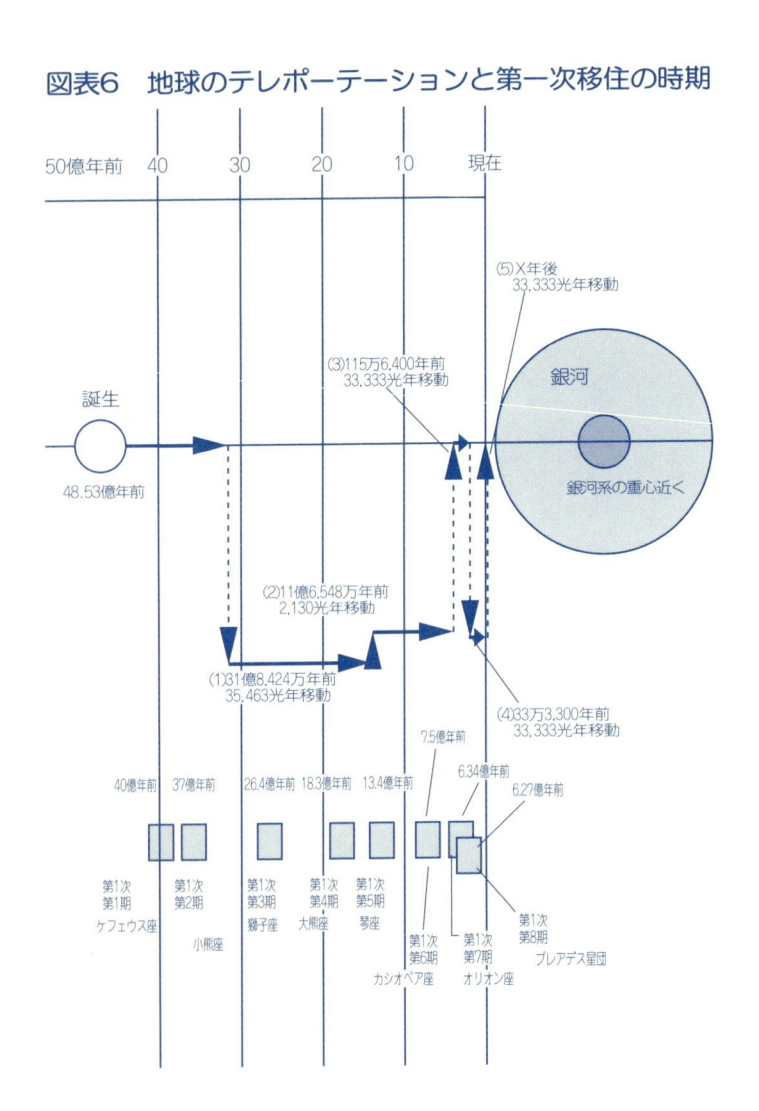

図表6 地球のテレポーテーションと第一次移住の時期

50億年前　40　　30　　20　　10　　現在

誕生
48.53億年前

(5) X年後
33,333光年移動

(3) 115万6,400年前
33,333光年移動

銀河

銀河系の重心近く

(2) 11億6,548万年前
2,130光年移動

(1) 31億8,424万年前
35,463光年移動

(4) 33万3,300年前
33,333光年移動

40億年前　37億年前　26.4億年前　18.3億年前　13.4億年前　7.5億年前　6.34億年前　6.27億年前

第1次 第1期 ケフェウス座
第1次 第2期 小熊座
第1次 第3期 獅子座
第1次 第4期 大熊座
第1次 第5期 琴座
第1次 第6期 カシオペア座
第1次 第7期 オリオン座
第1次 第8期 プレアデス星団

第四章　地球の歴史

他星よりの大規模な移住の歴史は大きく第一次と第二次に分けられます。まず第一次移住および訪問について記して行きます。

第一次＝第一期＝約40億年前……現在の地球より500年進んだ文化

地球を訪れた最初の人達はケフェウス座CUMOHS星（クモス）（＊参考現在KOUTN（コートゥン）の文化の星）の人々でした。約40億年前の事です。

CUMOHS（クモス）星は159億年位前に誕生した、現在の地球より100万年位宇宙の仕組みを理解している度合の進んだ、調和のとれた文化をもった星です。約40億年前の当時は現在の地球より500年位進んだ文化をもっていました。現在の地球から約3万5500光年離れた銀河の重心近くに存在しています。約40億年前は地球が今の場所にテレポーテーションする前で銀河の重心近くににありましたので470光年位の

距離しか離れていませんでした。

1100年にわたり、延べ800万人のCUMOES(クモス)星の人々が宇宙船（UFO）で訪問し、地球を視察し調査をしました。そのころの地球の状態は生命体としては原始生物のみが存在していました。海はありましたが空気は現在の地球の約2％で、95％位はCO_2、その他は約数％でした。地球の地表面の平均温度は摂氏6度位でした。

第一次――第二期＝約37億年前……地球を訪問した2番目の人達

小熊座　北極星より

地球を訪問した2番目の人達は小熊座（251億年前誕生）の北極星の人々でした。約37億年前の事です。

北極星は約188億年前に生まれ、現在の地球より5300万年以上進んだ文化を

第一次――第三期＝約26億4000万年前……宇宙船で地球に着陸した人達

獅子座　レグルス星より

　もった星です。当時は今の地球より約5万年以上進んだ文化をもっていました。現在は地球から5万光年位の距離に位置し、当時は約50光年の所に位置していました。北極星の人達も宇宙船（UFO）で訪れ、約400年間にわたって延べ200万人が調査に訪れました。地球はまだ人間の住める状態ではなく、植物の原始生物が生存しているのみでした。当時の地球の地表面の平均温度は摂氏17度位でした。

　その後、約10億年の間、地球を訪れた他星人は一人もいませんでした。30億年位前に原始動物（アメーバやゾウリ虫等）が発生しています。その時、空気（酸素や窒素）は今の約6分の1存在していました。地表面の温度は平均摂氏20度位で（現在は平均21度位）植物では草木が繁茂していました。さらに3億年以上が経過し、地球は第3番目の訪問者を経験するに至りました。

約26億4000万年前に獅子座のレグルス星の人達が宇宙船（UFO）で地球に着陸しました。レグルス星は100億年前に誕生し、現在は今の地球より500万年位進んだ文化をもっています。その当時は地球の今の文化より500年位進んだ文化でした。現在レグルス星は宇宙との調和度が（10→〇）^{35}の状態、当時は（10→〇）^{20}の状態でした。

この時期の地球は草木、花類も茂り、動物も哺乳類、魚類、昆虫類なども存在し、地表面の平均温度も現在と同じ平均21度位でした。

空気は現在とほとんど同率に存在していました。レグルス星の人々は約130年間調査をした上で移住を開始しました。50万人位の人々が約50年かけ8000人乗りの船で延べ60艇を使って毎年移り住みました。

移住してきた人達はレグルス星がテレポーテーションするにあたり、準備の整っていなかった人達でした。宇宙との調和度がまだ〇一回（マル）の状態になっていないフ〇の人達で本人達のア解の上で移住してきました。

そして現在のアジア大陸のモンゴル共和国のあたり、80ヵ所に分散して生活を始めました。当時そこには森、林、湖が存在していました。

また、その頃地球のこの地域には約27億年前に発生した地球生まれで地球育ちの人が10万人位存在していました。いわゆる原始生活であり、火を使用する段階には至っていませんでした。地球上全体の原地球人（註1）は150万人位でしたがレグルス星人との文化の差が大きかったために交流はありませんでした。

（註1）
原地球人と現代の地球人の系統のホモ・サピエンスとは異なります。物質次元での技術にはホモ・サピエンスよりも劣りますが、波動の理解においてはむしろ長けていましたので、物体の移動や宇宙の仕組みの理解に必要な情報も取り入れることができました。原地球人はこのことに気づくまで意識の深化をし、現代よりも100年位進化した文化を築いていたということです。

現在の地球の文化より遥かに進んだ状態

モンゴル地域の原地球人は約70万年後に500万人位の人口になり、その文化は現在の地球の文化より遥かに進んだ状態となり、宇宙の全ての現象が波動であることを理解していました。乗り物も重力をコントロールする方法で移動するものが開発されていました。

地球全体で最終的に原地球人は約3億人まで増加し、6000カ所位の地域に広がった文化となり各々独自に発展していました。しかし、宇宙の法則をネガティブな方法論で理解して調和度の上がっていく原子核の集合体（(ⁿ+ᵖ)＝EXA PIECO(エクサピーコ)）とポジティブな方法論で理解して調和度の上がっていく原子核の集合体（(ⁿ+ᵖ)＝EXA PIECO(エクサピーコ)）の衝突による原子核戦争で絶滅しました。

一方、レグルス星人達も移住時の50万人の人口が約11万6000年後に250万人

位になり、やはり、ネガティブとポジティブの激突により、原子核戦争で絶滅しました。

この期間を通じ原地球人とレグルス星人はお互いの存在は知っていましたが、一切交流せずに終わりました（註2）。これが地球に存在した最初の文化と呼べるものです。

（註2）

互いに高度な文化を築きながら、レグルス星人と原地球人とが互いの交流がなかったのは「高度な文化」の質が異なるからです。今の地球の文化の枠組みの中で画一的に類推するとそれは近似したもの、あるいは容易に相通ずるものと捉えられがちですが「高度な文化」とは多種多様です。例えば、ネイティブ・アメリカンのホピ族の文化は西洋から起こった機械還元論の延長線上から発達した文化より遥かに「高度」です。現在の地球でもアボリジニの人達の調和度は（10→〇）[10.5]回です。現代の西洋的な文化が今後宇宙からの情報に謙虚に学び、発達していったとして

も、「波動」の基本的な応用技術を開発するのにも現在とは比較にならない飛躍的な革新が必要です。デジタル的な手法の延長線上に組み上げられる「高度化」であるからです。他の「高度な文化」ではどのような論理的な技術も必要とせず、自然そのものと波動エネルギーで交流することにより、必要な情報を明らかにし人間自体が波動エネルギーの調整装置としての機能を果たすことにより物質の状態をコントロールすることなどができます。

約48億5300万年間の地球の歴史の中では地表面平均温度や空気量の状態により何度か長期間人間が棲息できない時期がありました。図表7に推移表をあげておきます。

このような環境的理由により、その後約8億数千万年の無人状態が続きました。地球上の陸地には植物として草木が存在しましたが花はありませんでした。また、動物は両生類のみで海にはわずかな魚類が存在していました。空気の量は現在の約7分の1に減少し地表面温度は19度位でした。つまり、生態系としては約26億4000万年

図表7　地球の表面平均温度と空気量（現代との比較）

	表面平均温度	空気量(現代との比較)	
47億8,000万年前	＊	＊	第1回目恐竜時代
26億4,000万年前	21℃		
26億4,000万年前〜18億3,474万年前	＊	＊	人間が住めない時期
18億3,474万年前〜13億4,678万年前	＊	＊	人間が住めない時期
13億4,678万年前〜7億5,500万年前	＊	＊	人間が住めない時期
24億年前	19℃	50.0%	
22億年前	18℃	30.0%	
20億年前	17℃	25.0%	
19億年前	16.7℃	50.0%	
18億3,474万年前	20℃	100.0%	
18億年前	20℃	75.0%	
16億年前	19℃	50.0%	
14億年前	17℃	30.0%	
12億年前	18℃	24.0%	
10億年前	16℃	20.0%	
8億年前	20℃	70.0%	
7億4,635万年前	20.3℃	100.0%	
7億年前	16℃	29.0%	
6億年前	20.8℃	95.0%	
4億年前	17℃	30.0%	
2億年前	16℃	24.0%	
			9回目の恐竜時代(1億3,600万年前)
1億2,658万年前	20.5℃	100.0%	FIDAに入る
			2,345万年間FIDAに所属していた
1億年前	17℃	30.0%	
9,000万年前	18℃	40.0%	
8,000万年前	18℃	40.0%	
7,000万年前	18℃	40.0%	
6,000万年前	19℃	65.0%	
5,000万年前	19℃	65.0%	
4,000万年前	19℃	65.0%	
3,000万年前	19.5℃	66.0%	
2,000万年前	20℃	75.0%	
1,000万年前	20℃	75.0%	
900万年前	20℃	75.0%	10回目の恐竜時代(800〜900万年前の80万年位)
800万年前	20℃	90.0%	
700万年前	20.5℃	97.0%	
680万年前	21℃	100.0%	
600万年前	20.2℃	96.0%	
500万年前	21℃	94.8%	

	表面平均温度	空気量(現代との比較)
400万年前	21℃	98.0%
300万年前	21℃	96.4%
200万年前	21℃	96.4%
100万年前	21℃	100.0%
90万年前	21℃	100.0%
80万年前	21℃	100.0%
70万年前	21℃	100.0%
60万年前	21℃	100.0%
40万年前	21℃	100.0%
31万年前	21℃	100.0%
30万年前	19.5℃	90.0%
29万年前	20℃	95.0%
28万年前	21℃	100.0%
27万年前	21℃	100.0%
26万年前	20.7℃	99.0%
25万年前	20.5℃	97.0%
24万年前	20.8℃	100.0%
23万年前	21℃	100.0%
22万年前	21℃	100.0%
21万年前	21℃	100.0%
20万年前	21℃	100.0%
19万年前	20.1℃	100.0%
18万年前	21℃	97.2%
17万年前	21℃	96.4%
16万年前	21.9℃	92.2%
15万年前	19.3℃	68.0%
14万年前	19.4℃	68.0%
13万年前	20.3℃	68.0%
12万年前	20.4℃	94.5%
11万年前	21℃	96.8%
10万年前	21℃	100.0%
9万年前	21℃	100.0%
8万年前	21℃	100.0%
7万年前	21℃	100.0%
6万年前	21℃	100.0%
5万年前	21℃	100.0%
4万年前	21℃	100.0%
3万年前	21℃	100.0%
2万年前	21℃	100.0%
1万年前	21℃	100.0%

前より人類の住みにくい状態になりました。

第一次＝第四期＝約17億3474万年前……空気がほぼ現在と同じ状態になる

空気がほぼ現在と同じ状態になり、平均温度が約21度に戻った17億3474万年位前には、大熊座の北斗七星、その他の星から計3種類の異星人が移住してきました。動物、植物も現在とほぼ同じ状態にありました。

大熊座　北斗七星その他の星より

それらの星々は約128億年前に誕生し、北斗七星の中のその一つδ星は現在は地球より530万年位進んだ文化をもち、その他の星は840万年位進んだ文化をもっています。その当時は地球の今の文化より3000年位進んだ文化でした。現在は宇宙との調和度が（10→〇）8000の状態、当時は（10→〇）4の状態でした。

移住してきたのはやはり、まだ宇宙との調和度が〇一回の状態になっていない8-0

の人達でア承の上でそれらの星々から移ってきました。約400年の間に90万人位が移住し、オーストラリアの北部に定住。約90万年の間に人口は580万人位となり、すばらしい文化を築きました。しかし、約120万年後に原子核戦争により絶滅しました。

移住者が地球にやってきた頃、オーストラリアの北部には地球生まれの原地球人が約10万人住んでおり、地球全体では300万人位存在していました。約90万年の間に人口は最大8000万人位まで増え現代の地球の文化より約80年進んだ状態になりました。現代のようにグローバルな交流はなく、局地的に100カ所位のグループに分かれた文化を形成し、地球人同士の相互交流もなく、北斗七星人達との交流も全くありませんでした。これらの地球生まれ地球育ちの人達も約120万年後にやはり原子核戦争で絶滅しました。

第一次――第五期＝約13億4378万年前……必要に応じて肉体化するエネルギー体の存在

琴座　ベガ星（註3）その他二種類の星より

（註3）

　ベガは地球の知識では太陽と同様に恒星であり、高温で核融合していると考えられています。その星から人が移住するとは奇異に思えますが、それは現代の地球流の解釈といえます。私達の太陽も表面温度摂氏20・8度前後であり、これは基本的に他の恒星といわれている星も同様の状態です。星を惑星、恒星というように類別するのは自然な形ではありません。太陽はJOT（ジョット）というスタディの段階であり、ベガもJOT（ジョット）です。それらの星にはもちろんEXA PIECO（エクサピーコ）が住んでいます。その人達は通常はエネルギー体として存在しており、必要に応じて肉体化します。

空気量現代比1対1、地表面平均温度摂氏21度位であった約13億4678万年前に琴座のベガ星その他の2種類の星から約10万人が160年位かけて現在の北ヨーロッパ地域(スカンジナビアのあたり)に移住してきました。500人乗りの宇宙船(UFO)で延べ200艇に乗ってやってきました。

ベガ星は約90億年前に誕生し、現在は地球より15万年位進んだ文化をもち、その当時は地球の今の文化より1500年位進んだ文化をもっていました。現在は宇宙との調和度の平均が $(10→0)^{2000}$ の状態、当時は $(10→0)^{30}$ の状態でした。

地球に移住してきたのはやはりまだ宇宙との調和度が○一回の状態になっていない5-0の人達で、了承の上に移住してきました。約90万年の間に400万～500万位の人口となり、素晴らしい文化を築きましたが、方法論の違いから原子核戦争になり、絶滅するに至りました。

移住者がやってきた頃、北ヨーロッパのその地域には約20万人の原地球人が存在していました。地球上全体では約90万人が8カ所に点在して独自の文化を造っていまし

たが、400万人前後の人口に増加した頃、ベガ星人達の原子核戦争の影響で同時期に絶滅しました。この頃の文化は現代文化より60年位進んだ文化でした。

第一次＝第六期＝約7億4635万年前…空気の比率が現在の100％

空気の比率が現在の100％であり、地表面の平均温度が20・6度であった7億4635万年位前にカシオペア座の3種の星から約80万人が90年位かけて現在の北アジアの東西にわたる広範な領域に移住してきました。それは具体的には1カ所に9万人前後で9カ所の地域でした。

カシオペア座3種の星より

そのカシオペア座の3種の星は約84億年前に誕生し、現在は地球より約1万900年進んだ文化をもち、その当時は現在の地球の文化より600年位進んだ文化をもっていました。現在は宇宙との調和度の平均が（10→〇）³¹⁰の状態であり、当時は（10

↓○㉚の状態でした。その後約70万年の間に人口は1800万人位まで増加し、現代地球文化と同じ位まで発達しましたが原子核戦争により絶滅しました。

当時原地球人は同地域に約60万人点在しており、70万年位後には約500万人となりましたがカシオペア座星人達の原子核戦争に巻き込まれて絶滅しました。両者はお互いの存在は知っていましたが、文化交流は皆無でした（これは両者の間の宇宙の仕組みの理解の度合に大きな開きがあったためであり、カシオペア座星人の平均が（10↓○)⑤であったのに対して地球人の平均は最初の段階にも至っていない不調和な4であり、星自体もカシオペア座全体の平均が（10↓○)㉖であるのに比べ、地球はまだ7-0でしかありませんでした。

第一次——第七期＝約6億3134万年前……現在の地球より400年進んだ文化

オリオン座　α星（ベテルギウス）と、δ、ε、ζ星（三つ星）より

カシオペア座文化の絶滅より約1億1000万年後の6億3134万年位前にオリオン座の4種類の星から約210年かけて60万人位が現在の北アフリカの地域に移住してきました。当時の平均気温は21度位、空気の量はほぼ現在と同じでした。

オリオン座のこれらの星は平均72億年位前に誕生し、現在は地球より約4500年進んだ文化をもち、その当時は今の地球の文化より400年位進んだ文化をもっていました。現在は宇宙との調和度の平均が（10→○）300の状態であり、当時は（10→○）23の状態でした。

移住者達の宇宙との調和度は○（マル）一回に至っていない10-5でした。これらの人々は茶褐色の肌をしており、一方当時この地域に存在していた約30万人の原地球人は黄色の肌をしていました。

この時初めて地球人と他星人の交流は始まり、オリオン座星人から文化的な影響も受けるようになりましたが、結婚などはありませんでした。オリオン座星人約130万人、地球人約400万人となった130万年位後、この時もポジティブな方法論

をとっているEXA PIECOとネガティブな方法論をとっているEXA PIECOの激突で原子核戦争後絶滅しました。

第一次――第八期＝約6億2746万年前……オリオン座文化の絶滅より258万年経て

おうし座プレアデス星団の6つの星よりオリオン座文化の絶滅より258万年位経た約6億2746万年前におうし座プレアデス星団の6つの星から約90年をかけて56万人位が現在の中部ヨーロッパ近辺に移住してきました。

そのおよその内訳は、図表8のとおりです。

これらの星は平均54億年位前に誕生し、現在は地球より平均2600年位進んだ文化をもち、その当時は今の地球より約400年調和のとれた進んだ文化をもっていま

図表8　おうし座プレアデス星団の6つの星からの移住

	移住してきた人々の数	誕生時期	進んでいる度合
ATLAS星人（アトラス）	11万人	56億年前	2,300年
ALCYONE星人（アルショネ）	9万人	55億年前	2,400年
MELOPE星人（メローペ）	9万人	53億年前	2,400年
MAIA星人（マイア）	9万人	52億年前	2,200年
TAYGETA星人（タイゲタ）	9万人	52.5億年前	3,150年
CELAENO星人（ケラエノ）	9万人	57億年前	3,650年

した。

現在は宇宙との調和度の平均が（10→〇）300であり、当時は（10→〇）8の状態でした。移住者達の宇宙との調和度はやはり（マル）一回に至っていない8-5でした。

プレアデス星団の人達が移住してきた当時、地球人も新たに発生しており、この中部ヨーロッパ地域にのみ約50万人が生存していました。その他の地域は気候的に生存不能の状態で人間が生活できる状態ではなかったため一人も存在していませんでした。

約90万年後、地球人は500万人位に増

加していましたが文化のレベルは現在より約400年遅れた状態で、お互いの存在に気づいてはいましたが、プレアデス星団人とは全く交流していませんでした。

移住後、90万年でプレアデス星団人達の文化は現代の地球文化より60年進んだ状態になりましたが、やはり原子核戦争を起こし絶滅するに至りました。当時の人口は1150万人以上だったようです。この時、原地球人も核戦争に巻き込まれて絶滅しました。

ホモ・サピエンスの起源

その後地球では、6億1480万年前、南米のペルー近辺に新しく地球人が発生しました。現代文化レベルをもった地球上の最初の人間ホモ・サピエンス(註4)のEXA(エクサ)PICO(ピーコ)と肉体の起源です。80万年の間に50万人が30カ所に点在しました。その後、1000年の間に急速に文化も進み、現代地球文化より60年進んだ状態になり、人口

も800万人に増えましたが、これも原子核戦争によって絶滅しました。

（註4）
ホモ・サピエンスは自らの意識を通して世界を見ることを特性とした人種です。その特性のゆえに、文化が進むにつれ顕在意識を通して世界を再構築する度合が高くなりました。物質次元における技術には長じるようになりましたが、これは裏を返せば、「波動」についての理解が極めて未熟な状況であることを示しています。彼らの文化での顕在意識の発達はEGO（エゴ）の増幅を助長する傾向が顕著です。彼らは宇宙との交流を失い、莫大なエネルギーを注いで地球外に出て宇宙を探究しようとしていますが、本来そのような原始的なアプローチをとらなくても物体の移動も宇宙の仕組みの理解に必要な情報も入手することはできるのです。

1億2658万年前の地球のこと

1億2658万年前は地球がFIDA（惑星連合）に所属していた時期であり、2345万年の間地球は宇宙で大活躍していました。この時地球はEVHAの段階の文化の進化度でした。EXA PIECOはHSANUの第6段階、JOTに構造変換する直前でした。宇宙との調和度は（10→○）^{200}、自我と欲望の振動波は○^{4}％でした。

その後地球は大幅に星のEXA PIECOとして退化し続けました。例えば、1億313万年前に地球がFIDAとの同調が不可能になった時は文化の進化度はEGEOとなりEXA PIECOはHSANUの第1段階となりました。宇宙との調和度は（10→○）$^{-2}$、自我と欲望の振動波は22％でした。さらに1億310万年前の地球の文化の進化度はEGHO、EXA PIECOはHSANUの第1段階。宇宙との調和度は（10→○）$^{-2}$、自我と欲望の振動波は42％でした。

その星がFIDA(フィーダ)に参加する条件は惑星としてEVHA(エヴァア)の段階の文化の進化度であること、EXA PIECO はHSANJ の第4段階以上であること、宇宙との調和度が（10⁻² → ０）以上、自我と欲望の振動波は10⁻²％以下であるということです。

最終的にはこの時も地球では原子核戦争となり、地球人による最も高度な文化社会は絶滅するに至りました。この時の文化レベルが今までの地球歴史上もっとも進んだレベルでした。

他星よりの第二次移住──６８４万年前以後１万年前まで

他星人たちの第二次移住は６８４万年前以後１万年前までの間の比較的短期間に連続して起きました。第一次と大きく異なることは地球自体の気候が安定し、空気量、気温が一定したこと。個々の星座から独自の計画により移住してきたのではなく

FIDA（フィーダ）の調整により、ほぼ同時期に複数の星座から様々な地域に送り込まれてきたということです。調和のとれた文化が地球に生まれるように配慮されてのことでした。しかし、残念なことに結果的には全ての文化は原子核戦争による壊滅の歴史を繰り返しました。一つ一つ時代を追いながら第二次の移住について記していきます。

第二次――第一期＝684万年前……ムー大陸文化を築く

カシオペア座、オリオン座、おうし座のプレアデス星団

第二次の第一期はカシオペア座、オリオン座、おうし座のプレアデス星団からの移住です。カシオペア座からはMCEC（ムー）星が中心になって684万年前に150万人が宇宙船（UFO）で北東アジア全域に移住、人口が1000万人まで増加し、高度の文化を築きました。これが「ムー大陸文化」と呼ばれるものです。「ムー大陸文化」とはカシオペア座のMCEC星の人々が中心になって築いた文化のことを言います。この時だけではなく以後何度も起こっています。特筆に値するのはこの文化にお

いては地球史上初めて結婚を含んだ他星人（カシオペア座人）と地球人との完全文化交流があったことです。つまり、混血種も生まれたということです。

また、地球人ホモ・サピエンスは第一期移住当時80万人であったのが最高時には800万人になりました。600万年前、原子核戦争によりこの文化は壊滅、生存者はカシオペア座星人90万人、地球人20万人でした。

また、673万年前にはオリオン座から80万人が宇宙船（UFO）で南米の中部と東部に移住し、最高時に700万人になりました。この時南米には地球人は存在しませんでした。620万年前、この文化は原子核戦争により絶滅し、生存者はありませんでした。

655万年前にはおうし座のプレアデス星団より95万人が宇宙船（UFO）で北米大陸に移住し、最高時には1000万人になりました。この時北米には地球人ホモ・サピエンスは40万人存在し、最高時には900万人になりました。両者はお互いの存在は知っていましたが文化の交流はしていませんでした。

535万年前、原子核戦争でこの文化も絶滅しました。

第二次――第二期＝３０２万年前……当時のアトランティス文化、絶滅する

カシオペア座――３０２万年前
おうし座のプレアデス星団――２４５万年前

第二期には二つの星座からの移住がありました。

まず、カシオペア座から３０２万年前１００万人が北アフリカに移住してきました。この時、地球人は北アフリカの西部から東部にかけての広域に１７０万人存在していました。

カシオペア座星人の人口は最高時には８００万人となり、地球人との文化交流も行っていました。但し、この時には結婚はありませんでした。地球人は最高時に１２００万人となっていました。しかし、２０９万年前原子核戦争によりこの文化は壊滅し、カシオペア座星人は２０万人生き残り、地球人が３００万人生き残りました。

また、245万年前おうし座のプレアデス星団より100万人が今の北大西洋北部に移住してきました。これはその地域がまだ陸地として現在のアメリカとヨーロッパがつながっていた時期で大西洋がなかった時のことです。

この時の文化がプレアデス星団のATLAENTISU（地球語のアトラス星）星人が中心になって築いたいわゆるアトランティスの文化です。アトランティスの文化は地球の歴史において1回限りのものではありません。少なくとも80回〜90回は存在しました。

やがて移住者の人口が1250万人以上になり、当初100万人であった地球人の人口が950万人になった頃には、この文化は現代の地球文化より300年以上も進んだ状態となり、宇宙の法則をより理解し、波動のエネルギーをコントロールできるまでの優れた科学をもっていました。

地球人との文化交流もありましたが、195万年前、ネガティブな発想をするグループとポジティブな発想をするグループとの対立による原子核戦争でこの文化も絶滅しました。

地球上に興った文明を総計すると１８０万種以上になります。土に埋もれた文化が１００万、海底に沈んでいる文化が８０万以上は存在しています。以降はそれらの中でもムーやアトランティスの文化以上の主要な文化のみを挙げていきます。

第二次―第三期＝１１５万年前……宇宙の仕組みを理解する文化

プレアデス、カシオペア座、金星、オリオン座

１１５万年前には、プレアデス、カシオペア座、金星から同時期にそれぞれ８０万人、４６万人、３０万人がアジアの北東地域に移住してきました。日本では長野県、山梨県（身延）、岐阜県（飛騨高山）、神奈川県（逗子）、九州などがその主な地域でした。全域に相当する地域でした。中国、朝鮮半島、日本全域に相当する地域でした。

これらの三文化圏の移住者達は相互に完全に交流をし、その地域に生存していた地球人５０万人とも交流をし、宇宙と調和した大変素晴らしい文化を築いていました。

一方、同時期にオリオン座より100万人が南米北部の現在のベネズエラ、コロンビアの地域に移住し、その時期に存在していた40万人の地球人と文化交流をし、独自の文化を形成していました。

プレアデス、カシオペア座、金星の共同文化はポジティブな方法論を通して宇宙の仕組みを理解する文化であり、オリオン座はネガティブな方法論を通して宇宙の仕組みを理解する文化をもっており、両者は衝突するに至りました。

両者の原子核戦争により南米では75万年前にオリオン座星人800万人、地球人500万人を最高として絶滅、アジア北東部では64万年前にプレアデス星団人600万人、カシオペア座星人400万人、金星人500万人、地球人300万人を最高として絶滅しました。

第二次＝第四期＝50万年前……弥生文化が生まれる

カシオペア座、オリオン座、おうし座――50万年前

50万年前にはカシオペア座から30万人の人達が北東アジア地域に移住してきました。当時その地域には50万人の地球人が存在しており、両者はお互いの存在を知っていましたが交流はせず、結果的に40万年前にカシオペア座星人400万人、地球人800万人になった時点で原子核戦争により激減しました。この時のカシオペア座星人達の生存者7万人から日本の弥生文化（註5）が生まれました。

（註5）
7万人の生存者は同地域でカシオペアの文化内での原子核戦争の影響を受け絶滅しかかっていた原地球人達と融合し、原始生活レベルから地球において新たな文化を創造することを決心しました。カシオペア座と地球の初めての本格的な融合文化、これが弥生文化です。
カシオペア座の人々と原地球人との間には意識の深化レベルの格差のみならず身体機能上の差異もありましたので、それを調整するためにはカシオペア座の人々が原地球人の状態に合わせる必要が生じました。具体的には甲冑状の波動調整具を着

用することにより、自らの身体波動の振動波を制御し地球人と接触交流し、徐々に生理的な融合もしていきました。生活形態についても地球人の文化のレベルと調和する形で手作業を基本とする技術で道具を開発し、集合体としての文化を築き始めました。鉱物から金属を抽出、加工する技術、土器の製造技術の他、山や小島と同調したり、地中に設置されるなどして自然の地形と判別のつかないピラミッド状の波動エネルギー調整装置を活用する技術を祭祀の形態として伝えたりしました。銅鏡は形態波動エネルギー調整装置としての役割を果たしていました。また、AHANP体、HCIN体、EHTEL体、ASTLAL体、MENTAR体、COSAL体、KECI体、CHOAD体のエネルギーを宝石などを使って各人で調整する方法は装身具を着用する習慣として定着していきました。稲は地球生まれ地球育ちとして地球の植物では一番高いEXA PIECOがスタディしている存在ですが、弥生文化として混血した地球人の間でも食用とされました。これらの情報は当時の弥生人達の生活様式に認められる著しい科学技術上のミスマッチを説明できます。その後この時代の弥生文化は消滅に至りました。

縄文文化――プレアデス文化の地球化

1万年前に南米北西部、現在のコロンビア、ベネズエラ、ペルー、ブラジルに移住したカシオペア座の人々は5000年前の原子核戦争後、地球人と結婚を含む交流をし、新しい文化が生まれ始めました。その際、115万年前の波動エネルギー調整装置が数多く残存し、50万年前に同様の文化が栄えた日本に大気圏内用UFOで九州中部の熊本県近辺に30万人移住しました。さらに、その中の10万人が北海道へ移住しました。この人々によって築かれたのがこれまでの通常の地球史で言われている「弥生文化」であり、実際は第二次「弥生文化」というべきものです。

また、50万年前にはオリオン座から30万の人々が西南アジア、現在のインド、パキスタンの地域に移住してきました。当時その地域には30万人の地球人が生活しており、両者はお互いの存在を知りながらも交流はしませんでした。30万年前にオリオン座星人400万人、地球人300万人となった時、原子核戦争により両者とも絶滅し

第四章 地球の歴史

ました。

西南アジアのイスラエル地域には41万年前におうし座のプレアデス星団の人達が移住してきました。その地域には40万人の地球人が生存していましたが両者の交流はありませんでした。この文化も30万年前の原子核戦争でプレアデス星団人300万人地球人400万人を最高時として壊滅しました。これらの第四期の人々は全てお互いの存在を知っていましたが交流することはありませんでした。この時、現在の日本地域に生き残ったプレアデス星団人と地球人10万人からやがて日本の縄文文化（註6）が形成されていきます。

（註6）
縄文文化とはプレアデスの文化が地球化したものです。プレアデスの人々は30万年前の時点で独自の文化としては消滅しました。この時のプレアデスの生存者4万人が北東アジア、日本地域に移住し現地の原地球人10万人と融合し新たな文化を築きました。これが第一次縄文文化です。その後今から28万年前、9万年前にもそれ

それ30万人、65万人のプレアデスからの移住がありましたが、この時には原地球人との交流は発生しませんでした。

1万年前の第二次第八期の計画的な移住によって築かれた9つの文化も5340年前にはやはり原子核戦争によって消滅しましたが、生き残った人々は地球人と結婚を含む完全交流をし新たな文化を築きました。そのうちイスラエルの近辺に住んでいたアトラス星以外のタイゲタ、ケラエノ、マイア、メローペ、アルシヨネのプレアデス系の星々の人々は大気圏内用UFOで日本の中部地方へ20万人が移住し、当時その地の地球人と融合し新たな文化を築きました。これが第二次縄文文化です。3000年前には日本中に点在していました。現在、日本で次々に発掘されている縄文時代の遺跡もこの時のものです。調査・研究が進めばこの時代の日本に中近東の文化の形跡を確認することができます。

弥生文化と縄文文化は同時期に存在しており、現代の歴史観とは異なります。また、他星人の文化の地球レベルでの移動の経緯から、地球の他地域にも縄文文化、弥生文化と同様な文化が発達しました。

第二次――第五期＝28万年前……同時期に絶滅した3つの星座の文化

カシオペア座、オリオン座、おうし座

28万年前、同時期に再び、カシオペア座、オリオン座、おうし座のプレアデス星団から移住者が送られてきました。

カシオペア座からは30万人が南米南部のアルゼンチン付近に移住しました。当時そこには20万人の地球人が住んでいました。お互いの存在は知っていましたが、両者の交流は起きませんでした。10万年前、カシオペア座の人たちが300万人、地球人が200万人になった時原子核戦争により双方絶滅しました。

オリオン座からは40万人が北アフリカのリビア、エジプトのあたりに移住しました。当時それらの地域には15万人の地球人が住んでいましたが、お互いの存在は知りつつも両者は交流しませんでした。10万年前オリオン座出身の人達の人口が600万人になり、地球人の人口が130万人になった時に原子核戦争により双方絶滅しまし

た。

プレアデス星団からは30万人が北東アジア、日本の飛騨高山地域に移住しました。当時そのあたりには15万人の地球人が住んでいました。お互いの存在を知りつつも両者間の交流はありませんでした。10万年前、プレアデス星団の人達の人口が300万人になり、地球人の人口が120万人になった時に原子核戦争により双方絶滅しました。

同時期に地球の地域で開始された3つの星座の文化は同時期に絶滅する結果を迎えましたが、その間、他星人と地球人間の交流、地球人間の交流も全くありませんでした。

第二次――第六期＝10万年前……カシオペア座の人達の建造物

カシオペア座――9万年前

プレアデス星団――10万年前

第四章　地球の歴史

9万年前、カシオペア座から40万人の人達が都市ごと、北アフリカのエジプト地域にテレポーテーションしてきました。当時その地域には30万人の地球人が住んでおり、両者は完全に文化交流をしていました。ピラミッド（註7）はカシオペア座のエネルギー調整装置（増幅など）であり、現在地表上に残っているものの中ではクフ王のピラミッドのみがカシオペア座の人たちが建造したオリジナルのものです。9万1925年前に完成した、宇宙と調和のとれたフリーエネルギーを集め増幅する形態装置の1つです。

（註7）
ピラミッドはカシオペア座の波動エネルギー調整装置（増幅など）です。銀河系内の時空域に遍在するCAC（カツ）に流動性を発生させることによって、通常は非物質的次元の時空元だけで流通可能な形態波動エネルギーを物質次元の時空元でも交流することを可能にします。具体的にはその頂点を中心としたエリアの波動を調和することにより、高周波化しエントロピーを減少させます。宇宙からの情報の受発振

を容易にし、心身の調和を回復させ食物を含む「物質」の宇宙との調和度を高めエントロピーの増加を遅らせることもします。その他、物質的時空域のテレポーテーションに際して、必要なKEGOT波（ケゴット）、CEGIN波（セギン）、GIMANEI波（ギマネ）などの増幅装置としての「役割」も果たします。

クフ王のピラミッドだけがカシオペア座からテレポーテーションしたものであり、その周辺のピラミッドはそれを模倣し地球上で構築されたものです。建造時は $(10→○)^{50兆}$ $(n+p)=10^{50兆}$ でしたが1994年1月21日の時点では $(10→○)^{10^5}$ $(n+p)=10^{10^5}$ にまで増幅機能が落ちていました。1996年の再調整により現在では再び当時の機能の60％ $(10→○)^{10兆}$ を回復しています。

地球の地中にはかつて都市のテレポーテーション用に使用されその後は地球の波動エネルギーの調整装置（増幅など）としての役割を果たし、現在は不調和な振動波になっている逆ピラミッドは約2万体存在します。また「山」として地表から見える形で現存している正ピラミッドは約1万体存在します。他の形状の波動エネルギーの調整装置も同様に現存しています。

この文化はカシオペア出身の人達が400万人になり、地球人が230万人になった8万年前、原子核戦争で絶滅しました。

また、10万年前、プレアデス星団より65万人の人々が北東アジアの日本の飛騨高山地域に移住してきました。その当時そのあたりには20万人の地球人が住んでいましたが、文化交流はありませんでした。

8万年前の同時期にプレアデスの人々が400万人、地球人が190万人になった時原子核戦争でこの文化も絶滅しました。

第二次――第七期＝6万年前……原子核戦争で全ての文化が壊滅する

琴座、オリオン座、獅子座、ケフェウス座、大熊座――――6万年前6万年前には琴座のベガ他オリオン座、獅子座、ケフェウス座、大熊座の北斗七星の中の4つの星から各々地球の各地に移住してきました。どの星座からも200年をかけて400万人の人々が移住してきました。

琴座の人々は地球人200万人が住んでいた南米南部のアルゼンチンに移住してきました。地球人との文化交流はありませんでした。オリオン座からは地球人200万人が住んでいた南アフリカの南アフリカ共和国に移住してきました。ここでも地球人との交流はありませんでした。

獅子座の人々は地球人300万人が住んでいたオーストラリアの中西部に移住してきました。地球人との文化交流はありませんでした。ケフェウス座の人々は地球人300万人が住んでいた北米西部、カリフォルニアその他の地域に移住してきました。地球人との文化交流はありませんでした。

大熊座から地球人300万人が住んでいたアフリカ中部から南部にかけて広域に移住が行われ、この時期最大の文化を築くに至りました。北斗七星の4つの星中心の北斗の文化とも言えます。両者はお互いの存在を知っていましたが文化交流はありませんでした。

琴座の人々は地球での生活で宇宙船（UFO）は使用していませんでしたが、その他のオリオン座、獅子座、ケフェウス座、大熊座出身の人々は大気圏内用の宇宙船

第四章　地球の歴史

(UFO)を使用していました。現代の地球の文化より700年から800年進んだ文化でした。

各他星人間の交流はありませんでしたが、2万年前にポジティブな方法論で宇宙の仕組みを理解する琴座、大熊座の人々と、ネガティブな方法論で宇宙の仕組みを理解するオリオン座、獅子座、ケフェウス座の人々との間でグローバルな戦いが起き、結果的に原子核戦争で全ての文化は壊滅し、生存者達は原始生活に戻らざるを得ませんでした。

この時、琴座の1000万人中生存者70万人、その地域の地球人1000万人中生存者200万人、オリオン座の1億2000万人中生存者200万人、その地域の地球人3000万人中生存者200万人、獅子座の3000万人中生存者200万人、その地域の地球人2000万人中生存者200万人、ケフェウス座の1億3000万人中生存者100万人、その地域の地球人3000万人中生存者200万人、大熊座の4億2000万人中生存者200万人、その地域の地球人3000万人中生存者300万人、合計他星人770万人地球人1100万人が生き延びました。

この時代の文化の足跡は、現在、各々の地域で地下3メートルから6メートルの深さの所に埋まっています。

他星人移住最終回　第二次第八期＝１万年前……世界各地に栄えた文化

他星からの移住の最終回は1万年前、FIDA（フィーダ）（惑星連合）での大規模な調整計画の下に行われました。8つの星座と一つの惑星から100年をかけ、各星1000万人ずつ、合計9000万人が地球の各地域に移住しました。

具体的にはケフェウス座から当時300万人の地球人が在住していた東北アジア、現在のロシア地域に移住があり、小熊座からは300万人の地球人が在住していた南米南部のアルゼンチンに、獅子座からは100万人の地球人が在住していた中南アジアのインド地域に、大熊座から100万人の地球人が在住していた北アフリカのアルジェリア地域に、琴座のベガ星からは90万人の地球人が在住していたヨーロッパ南西部のスペイン、ポルトガル、イタリア、南仏、ギリシャのあたりに移住がありまし

た。カシオペア座からは50万人の地球人が在住していた南米北西部のコロンビア地域に、オリオン座からは300万人の地球人が在住していたアフリカ中部のスーダン地域に、プレアデス星団からは150万人の地球人が在住していたイスラエル、アラビア半島、リビア、エジプト、イラクなどの地域に、金星からは150万人の地球人が在住していた北欧のデンマーク地域や欧州中部に移住がありました。

移住した他星人たちが地球人達と交流することはありませんでした。5000年の間に9つの大文化を生み、人口は地球人8900万人を含めて地球全体で最大32億8600万人となりました。各星人の人口の内訳は折り込みの図表11の通りです。一地域では地球史上最大の9億3000万人のアフリカ中部(現在のスーダン中心)に栄えたオリオン座星人の文化をはじめ、7億5000万人で南米の北西部(コロンビア中心)に栄えたカシオペア座星人の文化、また6億6000万人でイスラエルを中心にアラビア半島アフリカ北部に栄えたプレアデス星団人の文化、3億4000万人でアジア中南部(インド中心)に栄えた獅子座の文化、2億4000万人で南米南部(アルゼンチン中心)に栄えた小熊座星人の文化、1億4000万人で北欧(デンマ

ーク中心）に栄えた金星人たちの文化があります（金星人たちは実はプレアデス星団に属していますが、地球で言われている太陽系の惑星の中で一番調和のとれた文化をもっています）。さらに、6000万人で東北アジア（ロシア中心）に栄えたケフェウス座星人の文化、4300万人で北アフリカ（アルジェリア地域中心）に栄えた大熊座星人の文化、3400万人でヨーロッパ南西部（スペイン、ポルトガル、南仏、イタリア、ギリシャ地域）などで栄えた琴座星人の文化等があります。

これらの文化の足跡はそれぞれの地ですべて土中深さ4〜7メートル位のところに埋まっています（註8）。少なくとも現代の地球文化より平均400年以上は宇宙との調和がとれて進んでいたにもかかわらず、このようなグローバルな大文化が500 0年前ほどんど30年くらいの間に壊滅してしまいました。原因はやはり原子核戦争でした。

（註8）
地球では年代が古い遺跡が深いところにあると思われていますが、この場合には

前出の「第二次第七期―6万年前の遺跡の地下3〜6メートル」より深いところにあります。

文化の絶滅と生存者達

1万年前から最初の300年は平和でした。それ以降4700年はグローバルな交流を行っていましたが、こぜりあい程度の争いはありました。結果的にはポジティブ文化の小熊座、大熊座、琴座、カシオペア座、おうし座プレアデス星団、金星等とネガティブ文化のケフェウス座、獅子座、オリオン座等との対立が激化し、グローバルな原子核戦争に発展しました。

地域別に生存者をみていきますと、東北アジアでケフェウス座星人500万人、地球人200万人。南米南部で小熊座星人300万人、地球人100万人。中南アジアで獅子座星人400万人、地球人200万人。北アフリカで大熊座星人400万人、地球人60万人。ヨーロッパ南西部で琴座星人500万人、地球人40万人。南米北西部

ではカシオペア星人500万人、地球人60万人。アメリカ中部でオリオン座星人1900万人、地球人400万人。アラビア半島、アフリカ北部でプレアデス星団人1000万人、地球人40万人。北欧、中欧で金星人1000万人、地球人300万人という内訳でした。

人口の推移などは図表11の通りです。1万年前に1540万人であった地球人は5000年前に8900万人となりましたが戦争の影響で1400万人にまで減少しました。この時の生存者は他星人6500万人と地球人1400万人の合計7900万人でした。この人達が現代の私達の祖先であり、戦争以前は交流のなかった両者が新たに交流を開始し、今日56億人にまで増加したのです。

この第二次第八期の最終移住は他の移住と異なる大きな特徴がありました。それは移住してきた他星人達は全員がFIDA（フィーダ）（惑星連合）の計画によって何らかの人工的な処置が施されているアンドロイド（ヒューマノイド）であったということです。

現代地球人の原点

それぞれの文化の壊滅後、今から5340年前以降、地球上のすべての地域の宇宙人と地球人はその地域で交流をし、結婚もし、まったく新しい文化を形成し始めました。その後宇宙からの移住はありませんので現代の地球人の原点は1万年前に移住した8つの星座の34種類の星の人々と唯一の太陽系惑星人である金星人の計35種類の宇宙人と各地域で生活をしていた地球人(地球で発生した原子核の集合体EXA(エクサ)PIECO(ピーコ)と肉体)との混血人種であると言えます。

日本人の原点

この5000年の初期には実にダイナミックな移動が地球中で起こりました。

おうし座のアトラス星以外のタイゲタ、ケラエノ、マイア等のプレアデス星団系の

人達はイスラエル地域から大気圏内用宇宙船（UFO）で20万人が日本の中部地方へ移住してきました。また、南米北部のコロンビア地域他からやはり大気圏内用宇宙船（UFO）で30万人のカシオペア座系の人々が日本の九州中部の熊本県近辺に移住し（註9）、その中からさらに10万人が北海道へ移住しました。したがって「日本人の原点」はおうし座のアトラス星以外のプレアデス星団の人々と現在の地球人とイスラエル、ヨルダン、イラク、シリア、サウジアラビア、エジプト周辺の当時の地球人との混血人種とカシオペア座系の人々と現在の南米のコロンビア、ベネズエラ、ペルー、ブラジル近辺の当時の地球人達との混血人種から構成されているということになります。

中近東、イスラエル地域に住んでいたプレアデス系の人々20万人が日本の中部地方に大気圏内用宇宙船（UFO）で移住し、3000年前には400万人となり、南米のコロンビアから日本の九州に20万人、北海道に10万人移住し、3000年前にそれぞれ300万人、200万人になっていたカシオペア座系の人々を原子核戦争が絶滅させました。

肌の色と出身星座の関係

現在の地球人の肌の色がなぜ黄色、白色、黒色、褐色、赤色であるのかの根拠を示します。純粋の地球生まれの人間はどの地域（大陸）の地球人も黄色です。カシオペア座の人達も84％は黄色の肌をしていますが、その他の色は地球の歴史に関係した出身の星座の星々の人間の肌の色です。

即ち、褐色はケフェウス座、琴座の一部、オリオン座の人々の肌の色であったり赤色は小熊座、獅子座の人々、黒色は大熊座と琴座の一部、白色はプレアデス星団、金星の人々の肌の色です。

（註9）
日本のいたる所にカシオペア系の波動エネルギー調整装置（増幅など）、ピラミッドは地中に存在しています。九州北東部にもアジア北東部の一大混合文化圏の痕跡が現在も残っています。弥生的文化、縄文的文化は過去に何回も存在しました。

図表12　肌の色と出身星座の関係

星座名	地球へ移住した人々の肌色	関連の星	備考
ケフェウス座	褐色	D星	
小熊座	赤色	E星	ただし北極星人は白色
獅子座	赤色	B星	
大熊座	黒色	冥王星	
琴座	褐色、黒色	C星	
カシオペア座	黄色	木星、A星、海王星	
オリオン座	褐色	海王星	
おうし座	白色	金星、火星、天王星　プレアデス星団	

図表13　太陽系への移住者の出身星座（補足）

太陽系星名	肌色	移住してきた元の星座	地球より文化として進んだ年数
水星	爬虫類系人	プレアデス星団（サモンコール）	200年
金星	白色	プレアデス（アトラス他）	900年
地球	黄、白、赤、褐、黒	8星座＋金星	0年
火星	白色	プレアデス（セラエノ）他	550年
木星	黄色	カシオペア座	600年
土星	褐色	オリオン座	650年
天王星	爬虫類系	プレアデス（サモンコール）	550年
海王星	褐色＋黄色	オリオン座＋カシオペア座	500年
冥王星	黒色	大熊座（北斗七星）	670年
A星	黄色	カシオペア座	800年
B星	赤色	獅子座（レグルス）	600年
C星	褐色、黒色	琴座	390年
D星	褐色	ケフェウス座	600年
E星	赤色	小熊座	700年

宇宙に存在する哺乳動物系の進化した人間の肌色は全部で前記の5種類です。また、ここで詳細は述べませんが、宇宙にはそれ以外に爬虫類、昆虫類、その他計8種類の進化した知的生命体が存在しています。

例えば爬虫類系人の肌色は3種類、昆虫類系人は7種類など多種多様です。太陽系の惑星それぞれにも各星座からの移住の歴史があり、人間も住んでいます。ここでは各惑星の地球と比較しての文化の進化年数とそれぞれの肌の色を表として参考にさせていただきます。

地球人類の肌色が何故黄色、白色、黒色、褐色、赤色、であるかの根拠を示しますと、まず純粋の地球生まれの人間はどの地域（大陸）の地球人も黄色です。そして、その他の肌色は地球の歴史に関係した星座の星々の出身の人間の肌色で図表12のようになります。

第五章　月の存在の意義

月が太陽系の惑星をサポートしてきた

月はFIDA（フィーダ）語でELITEH（エライトウ）といいFIDA（フィーダ）が人工的に造った惑星の物質及びエネルギーの振動波の調整用の星（装置＝巨大FALF（ファルフ））です。45億3000万年前に造られました。

この銀河系内にJOT（ジョット）のEXA PIECO（エクサビーコ）の星（太陽レベルの星、AIT（アイト））は約77億個あります。1つのAIT（アイト）は通常14個（最低12個）のHSANU（サヌー）のEXA PIECO（エクサビーコ）の星をサポートしています。この12〜14個の惑星はAIT（アイト）から最大距離1兆キロメートル前後の位置に存在しています。

ELITEH（エライトウ）はHSANU（サヌー）のEXA PIECO（エクサビーコ）の星でありAIT（アイト）をサポートするために造られました。その数は約44億個、その他に自然発生のものが約33億個あり、合わせ

第五章　月の存在の意義

て約77億個存在しています。1つのAIT(アイト)には必ずサポートするELITEII(エライトゥ)が1つあり、ELITEIIはそのAIT(アイト)系のEODI(エオディ)(惑星)すべてをサポート(エネルギー調整)しています。

地球をサポートしている月には太陽系の惑星や他の星座の惑星の基地がたくさんあります。それらは地下50メートル前後のところにあり、多くの人々が生活をし地球をサポートしています。ただし基本的には地球人にはほとんど見えない工夫をしています。

月が今の太陽系の惑星を最初にサポートし始めたのは今から約34億1200万年前です。

最初はすべての星がEGIO(エゴ)の文化でしたが、各星々がEVIA(エヴァ)に向かうよう一定期間サポートをするのが月の役割でした。その順序は次のとおりです。

月が太陽系惑星をサポートしてきた順序とその期間

		サポート期間
1番	B星	約10万年
2番	C星	約2億1000万年
3番	土星	約2500万年
4番	冥王星	約4000万年
5番	金星	約2200万年
6番	D星	約11億4000万年
7番	火星	約3億年
8番	木星	約3億年
9番	天王星	約3億9000万年
10番	E星	約10万年

第五章　月の存在の意義

11番　A星　……　約2億年
12番　海王星　……　約2億4000万年
13番　水星　……　約3億年
14番　地球　……　約3億5000万年

さらにEGEO(エゴ)の文化に戻ってしまったため次の星に対し2回目のサポートをしてきました。

15番　金星　……　約1億4000万年
16番　D星　……　約2億2000万年
17番　土星　……　約3億2300万年
18番　地球　……　約2億1200万年

このように月のEXA PIECO(エクサピーコ)はたいへんな苦労をしてきました。月は太陽の

EXA PIECO、JOT の指導のもとにテレポーテーションしながら各惑星を何十億年もの時間のエネルギーを使いながら根気づよくサポートしてきましたが、今、地球のあまりに強力なマイナスの振動波の干渉波を受け過ぎて調和をとる能力を失いつつあり、たいへん疲れているそうです。

これは明らかに地球の現代文化に責任があります。

約9848億年前に設立された FIDA（惑星連合）や約9844億年前に設立された FILF（銀河連合）から月が回復するようエネルギー調整をするように再三の要請がきております。

それらは残念ながら未熟な現代地球文化のレベルでは全く想像もつかないことのようです。

今から2400万年前には地球をサポートしている月の EXA PIECO は HSA ZU の6段階でもっとも調和がとれていました。

その後地球の不調和な文化の干渉波で退化し続け現在では最初のＨＳＡＮＵ(ハサヌー)の２段階にまで下っています。

132

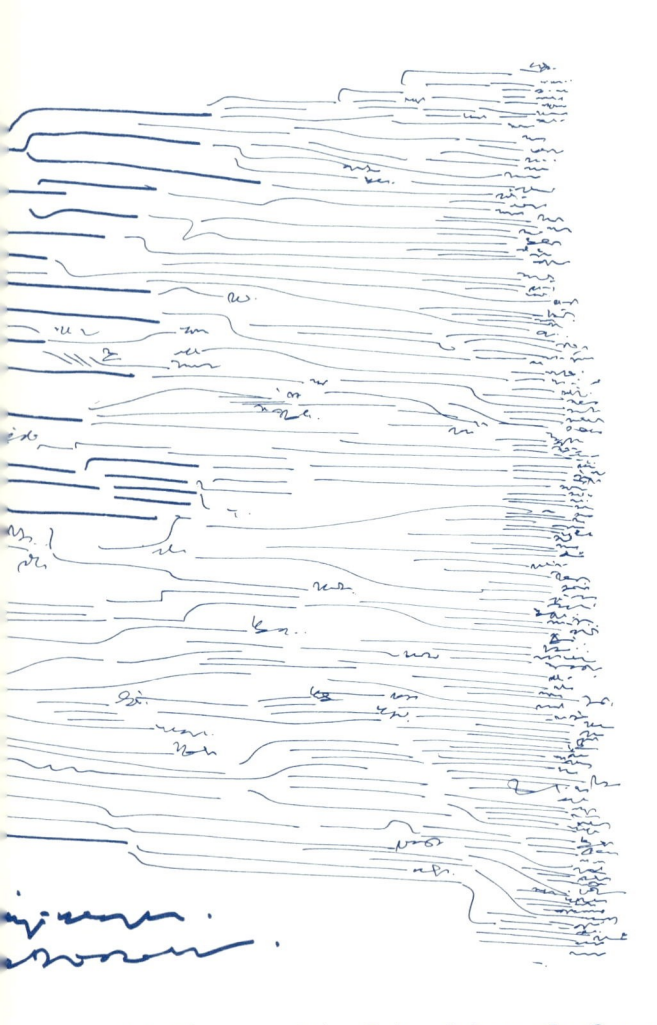

V-1 Diagram of the Cultural Area of a Constellation
Scene showing the expansion and integration of one element to a culture with $10^{1 billion}$ kinds (there are 264 kinds of such groups)

133 第五章 月の存在の意義

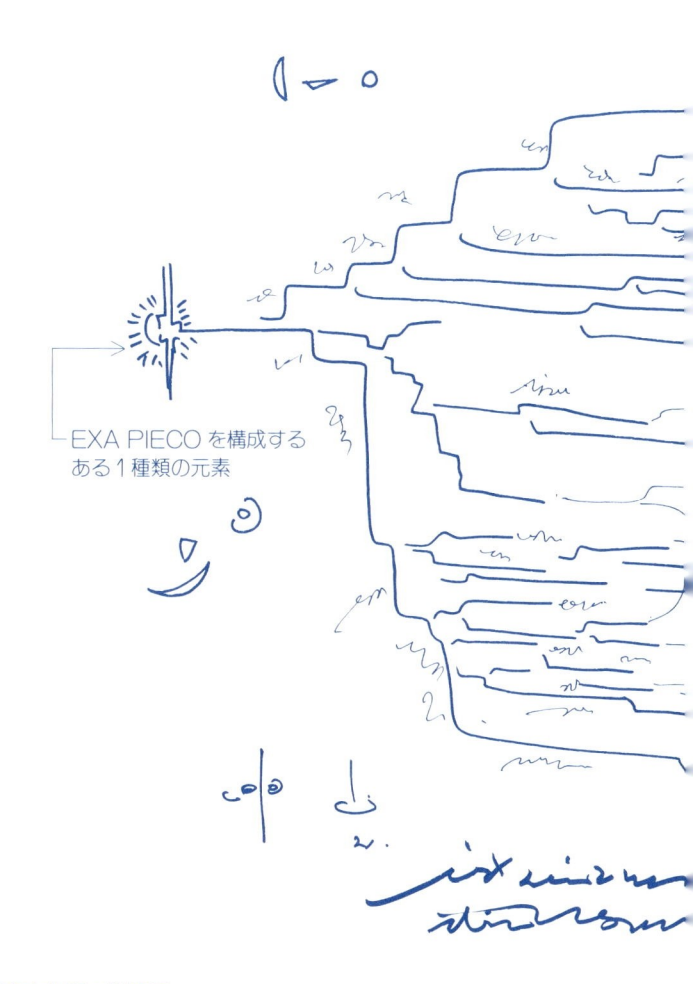

── EXA PIECO を構成する
　ある1種類の元素

V-1 星座文化圏の説明図
一種類の元素が10^{100}種類の文化に発展して統合している様子（このようなグループが264種類ある）

←──── EXA PIECO を構成する
　　　　ある1種類の元素

V-2 Diagram of the Formation of the Cultural Area of One Constellation
Comprised of $10^{1 \text{billion}}$ kinds of Planetary Culture + the Galactic Culture

135 第五章　月の存在の意義

V-2 一星座文化圏の成り立ちの説明図
10種類の惑星文化＋銀河系文化で構成されている

第六章　文化の進化について

惑星系の文化（FIDA―惑星連合）―― EXA PIECO がスタディする文化

宇宙の文化の進化度とはその時空元の振動波の周波数の度合ということができます。宇宙の文化のスタートとはその星に住む知的生命体の原子、分子の振動波そしてその文化のスタートを分子、細胞の結合の開始時にあるとすると銀河系の文化のスタートはその星に住む知的生命体の原子、分子の振動波そしてその EXA PIECO の振動波が OCTSTOP の振動波との同調が可能なくらいに調和のとれた方向に変換をし、星全体としての振動波が上がった星々が生まれた時のことをいうようです。その星の文化がより宇宙の本質と調和のとれた方向へと変換した時をいいます。銀河系の時空元ではそこに発生している EXA PIECO の調和の度合によって変化する OCTSTOP との同調の度合をその星の文化の進化度といいます。

ここでまず、惑星系文化の発展の段階について触れさせていただきます。

惑星系の文化（FIDA―惑星連合）

銀河系の誕生より約4億年前の約9848億年前にFIDA（惑星連合）が成立していました。FIDA（惑星連合）とはそれぞれの星がより調和のとれた方向に変換できるように協力しあう文化のネットワークといえますが、前文化ともいえる段階のEKUTから第1段階のEGHOの文化、第2段階のEVHAの文化までの3つの段階の文化を惑星文化といいます。

EKUTでは0段階のEXA PIECOがスタディをしており、これは原始人の状態から人間としての文化の形成に向かう準備をしている段階であるといえます。EGHOの文化では第0、1、2段階のEXA PIECOが中心となり（80%）スタディをしており、それはHSANUのEXA PIECOによってサポートされています。EVHAの文化では、第3、4段階のEXA PIECOが中心となり（75%）スタ

ディをしており、それはJOTのEXA PIECOによってサポートされています。

EGIO（エゴ）の文化、EVHA（エヴハ）の文化は宇宙の究極の意識と意志であるEIKO（エイコ）の情報層JEFISIFUM（ジェフィシフアム）の第8層とつながっています。

惑星文化が発展しさらに調和のとれた段階となった銀河系文化の進化の段階を具体例を挙げながら提示しますと次のとおりであるとのことです。

銀河系の文化（FILF─銀河連合）

この宇宙での12回目のビッグバンは544億8453万年前に起こりました。それ以前の11回目のビッグバンの後に発生した最初の銀河系の誕生は今から約9844億年前のことであり、それは同時にFILF（フィルフ）（銀河連合）の開始でもありました。その前の段階で調和のとれた星々で構成され約9848億年前に成立されていたFIDA（フィーダ）

第六章　文化の進化について

（惑星連合）から約4億年の後であり、FIDA（ソーゴ）（惑星連合）の中のより調和のとれた星々で構成されています。

銀河系は分子の種類により10万以上のグループになっています。そしてそのEXA PIECOの調和の度合により4つの系になっています。銀河系とはEXA PIECOがスタディする文化であるということができます。銀河系の文化にOCTSTOPが干渉している状態を宇宙の文化であるということができます。銀河系の時空元は惑星系の時空元を含んでいます。

銀河系としてはまず宇宙文化の進化の第3段階であるSIELAという文化である銀河が生まれました。第4、5段階のEXA PIECOが中心となり（75%）スタディをしており、CIOPのEXA PIECOによってサポートされています。SIELAは哺乳類系人類の文化です。SIELAは宇宙の究極の意識と意志であるEEKOの情報層JEFISIFUM（ジェフィシファム）の第7層、第8層とつながっているとのことです。第5、6段階のEXA PIECOの文化の進化したものをSUETN（スーエトン）といいます。

図表14　原子核の集合体（EXA PIECO）のASTLAL体が12球体断面になってからの質の段階表

	EXA PIECOの名称	スタディの対象物	KECI帯
	HMLAK	雲	
0	DIHUY	人間	なし
1	GINUP	人間	・
2	HRUFOZ	〃	―
3	CEFJS	〃	△
4	KEHV	〃	□
5	DOHS	〃	5角形
6	HSANU	星	6角形
7	JOT	〃	7角形
8	CIOP	1銀河	8角形
9	GHOKL	200銀河グループ	9角形
10	CEG	2000銀河グループ	10角形
11	DHLO	銀河全て	11角形
12	EHKO	宇宙全て	12角形

PIECO が中心となり（75％）スタディをしており、GHOKL の EXA PIECO によってサポートされています。SUHTN は200前後の銀河のグループ単位で構成され、宇宙の究極の意識と意志である EHKO の情報層 JEFISIFUM の第5層、第6層とつながっているとのことです。

SUHTN の文化の進化したものを LIMISA といいます。第7、8段階の EXA PIECO が中心となり（75％）スタディをしており、CEG の EXA PIECO によってサポートされています。LIMISA は2000前後の銀河のグループ単位で構成され、宇宙の究極の意識と意志である EHKO の情報層 JEFISIFUM の第3層、第4層とつながっているとのことです。

そしてさらに精妙な振動波として進化した段階を KOUTN といいます。第9、10段階の EXA PIECO が中心となり（75％）スタディをしており、DHLO の EXA PIECO によってサポートされています。このグループは宇宙全体の銀河系をサポートしているとのことです。また、KOUTN は宇宙の究極の意識と意志である EHKO の情報層 JEFISIFUM の第2層とつながっているとのことです。

次の段階はEIKO（エーコ）以上のEXA PIECO（エクサピーコ）の時空元のみであるMIYULUA（ミユルア）の段階となります。MIYULUA（ミユルア）とは宇宙の後文化ともいえ、100％が12段階以上のEIKO（エーコ）のEXA PIECO（エクサピーコ）によって創造されている調和と愛と感謝と学びとあるがままのただそれだけの存在というそのままの振動波です。MIYULUA（ミユルア）は宇宙の究極の意識と意志の段階に向かうEIKO（エーコ）以上の情報層JEFISFUM（ジェフィシファム）の第1層のAHANP（アーンプ）帯（宇宙の重心）とつながっているとのことです。

SIELA（スィーラ）を第3段階の文化、SUHTN（スートゥン）を第4段階、LIMISA（リミサ）を第5段階、KOUTN（コートゥン）を第6段階の進化度の文化ということができ、これらの4段階を合わせて銀河系文化といっています。

銀河系文化ではEXA PIECO（エクサピーコ）が自らの調和をとり、OCTSTOP（オクットップ）の振動波と同調する方向へ振動波の周波数を変換することが基本的なスタディとなっています。

周波数変換はより高い調和のとれた振動波を発するか、より低い不調和な振動波を発するかのどちらかとなり、OCTSTOP（オクットップ）の振動波と同調する方向への周波数変換を進化、OCTSTOP（オクットップ）の振動波とさらに同調しない方向への周波数変換を退化とい

宇宙文化をその発達順に提示する

宇宙文化の進化を地球と関わりのあった星座との関連とともに提示しますと次のとおりです。

最初に「前文化」時代といえる段階があります。FIDA(フィーダ)語でEKUT(エクット)といいEXA PIECO(エクサピーコ)のASTLAL(アストラル)体の球体断面が12になった直後の人間の状態であり、0段階の質の状態の人間がその星に住んでいる状態です。原始人といわれるのはこの段階の人間でありEKUT(エクット)とは原始文化であるといえ、EXA PIECO(エクサピーコ)が顕在意識のコントロールをほとんどできない状態といえます。

宇宙文化の第1段階といえるのはFIDA(フィーダ)語でEGHO(エゴ)の文化といわれています。EXA PIECO(エクサピーコ)の段階が0段階、1段階(GINUP(ギヌップ))、2段階(ERUFON(エルフォン))の方が

中心となっている文化であり、それらの方々が全体の約80％を占めています。現在地球はこのEGHO（エゴ）の文化の段階にあります。

第2段階はFIDA（フィーダ）語でEVHA（エヴァ）の文化といわれています。EXA PIECO（エクサピーコ）の段階が3段階（CEFJS（セフジス））、4段階（KEHV（ケーヴ））の方が中心となっている文化であり、それらの方々が全体の約75％を占めています。現在おうし座（プレアデス星団の金星など）はこのEVHA（エヴァ）の文化の段階にあります。

IKUT（クット）、EGHO（エゴ）（第1段階）、EVHA（エヴァ）（第2段階）までの文化は、惑星文化ということができます。

第3段階はFIDA（フィーダ）語でSIELA（スイーラ）の文化といわれる哺乳類系のEXA PIECO（エクサピーコ）の形成する文化です。EXA PIECO（エクサピーコ）の段階が6段階（HSANJ（サヌー））の方が中心となっている文化であり、それらの方々が全体の約75％を占めています。現在カシオペア座、

第六章 文化の進化について

大熊座、琴座、オリオン座、ケフェウス座、獅子座はSIELA（スィーラ）の文化の段階にあります。

第4段階はFIDA（フィーダ）語でSUHTN（スートゥン）の文化といわれています。EXA PIECO（エクサピーコ）の段階が6段階（HSANU（ハサヌー））、7段階（JOT（ジョット））、8段階（CIOP（シオップ））の方が中心となっている文化であり、それらの方々が全体の約75％を占めています。地球の文化に直接関係のある星座の中にはこの段階の星座はありません。

第5段階はFIDA語でLIMISA（リミサ）の文化といわれています。EXA PIECOの段階が8段階（CIOP（シオップ））の方が中心となっている文化であり、それらの方々が全体の約75％を占めています。現在小熊座（北極星）がSUHTNの段階からこのLIMISAの文化の段階に移行するところです。

第6段階はFIDA語でKOUTN（コートゥン）の文化といわれています。EXA PIECO（エクサピーコ）の段

階が8段階（CIOP シオップ）、9段階（GHOKL ゴークル）、10段階（CEG セグ）の方が中心となっている文化であり、それらの方々が全体の約75%を占めています。地球の文化に直接関係のある星座の中にはこの段階の星座はありません。

SIELA（第3段階 スィーラ）、SUHTN（第4段階 スートゥン）、LIMISA（第5段階 リミサ）、KOUTN（第6段階 コートゥン）までの文化は、銀河系文化ということができます。

その次の段階はFIDA語でMIYULUA（フィーダ）（ミュルア）といい「後文化」といえる状態であり、EXA PIECO（エクサピーコ）の段階が12段階、宇宙の究極の意識と意志であるEIKO（エーコ）以上のEXA PIECO（エクサピーコ）だけによって営まれる100% EIKO以上のEXA PIECOによって創造されている時空元です。1調和、2愛、3感謝、4学び、5あるがままの営みそれ自体です。このEIKO（エーコ）という時空元自身の質の変換即ちテレポーテーション（時空元移動）がビッグバンとよばれている状態です。

第六章 文化の進化について

図表15 宇宙文化の歴史（地球に関係した星の例）

前文化	①	HKUT	EXA PIECO＝0段階の鉱物、植物、動物。でん人間が存在していない
惑星文化	②	EGHO	EXA PIECO＝0.1,2段階80％中心。地球、現在は爬虫類人と哺乳類人のみの文化
	③	EVHA	EXA PIECO＝3,4段階75％中心。おうし座（金星、プレアデス）（金星）二王星、天王星などはその構成元素によりおうし座に属しています。現在はその爬虫類人、昆虫類人、魚類人、哺乳類人、甲殻類人、嚼虫類人の文化
銀河文化	④	SIELA	EXA PIECO＝6段階75％中心。カシオペア座、大熊座、琴座、オリオン座、ケフェウス座。現在は両生類人、爬虫類人、鳥類人、哺乳類人の文化
	⑤	SUHTN	EXA PIECO＝6,7,8段階75％中心。現在は両生類人、爬虫類人、鳥類人、昆虫類人、甲殻類人、嚼虫類人の文化。爬虫類人、魚類人、甲殻類人の文化の中心。これまでの地球の歴史には直接関わっていない文化
	⑤	LIMISA	EXA PIECO＝8段階75％中心。小熊座（北極星）（SUHTNより変換）。現在は両生類人、爬虫類人、鳥類人、哺乳類人、甲殻類人、嚼虫類人の文化
	⑥	KOUTN	EXA PIECO＝8,9,10段階75％中心。現在は両生類人、爬虫類人、鳥類人、魚類人、哺乳類人、甲殻類人の文化、両生類人の文化、これまでの地球の歴史には直接関わっていない文化
後文化	⑥	MIYULUA	EXA PIECO＝12段階以上でEHKO以上のEXA PIECOの時空元のみ。存在そのものは調和と愛と感謝と学びなどがあるのはそれだけの高識と意志の存在というそのままの振動の実発振のみ

MIYULUAという時空元自身の進化（FANT＝高時空元移動） ← → ビッグバン

図表16　知的生命体の文化の進化状態

	惑星文化		銀河系文化			
	EGHO	EVHA	SIELA	SUHTN	LIMISA	KOUTN
両生類人			○	○	○	◎
爬虫類人	○	○	○	◎	◎	○
鳥類人			○	○	○	◎
昆虫類人		○				○
魚類人		○		◎	○	○
哺乳類人	○	◎	○	○	○	○
甲殻類人		○		◎		○
蠕虫類人		○		○		○

○は各類人の中で現在存在している文化
◎は各類人の文化がもっとも分布している進化度

星座の意味――宇宙の全時空間に存在する星々

その星の文化の調和度とはEXA PIECOの調和の度合です。EXA PIECOの元素の種類によりそれぞれの星は異なった性質をもちます。

宇宙の全時空元に存在する星々は6回目のビッグバンの後、知的生命体の誕生後、星座としてグループを形成しました。このグループとは地球の現代科学で捉えている距離や空間の概念による関係性から成立しているのではなく、その星に存在するEXA PIECOの元素の種類による振動波の違いから形成されているとのことです。EXA PIECOの元素の種類は、現宇宙に存在する12万種類の元素のうちの264種類であり、その種別で264種の振動波グループとなっている文化圏が星座グループであるとのことです。つまり宇宙には全264種の星座が264の文化圏を形成しており、全星座文化とは惑星文化と銀河系文化を合わせたものであるということです。

ただし、地球から見える星座の数は168種であり、これは過去に地球に関係した星

座のグループがメッセージ（振動波）を送ってきていることにより光るという現象を通して確認ができる状況となっています。

これらの星座ではその振動波に同調したEXA PIECO（エクサピーコ）がEXA PIECO間で相互の交流をしサポートをし合いながらそれぞれの文化を形成しています。星座の文化はEXA PIECOの元素の種類により自然なグループに分かれています。

宇宙の星座グループつまり星座の文化圏は、現宇宙にある12万種類の元素のうち全EXA PIECOの元素の種類である264種類の振動波グループであるということができます。

星座グループを1番目から264番目とすると43番目に地球が所属しています。この43番目の星座グループはFIDA語（フィーダ語）でGODAH（ゴダー）（座）グループといいます。地球

153 第六章　文化の進化について

全264種の全星座文化＝惑星文化＋銀河系文化

（星座グループとは現宇宙にある元素、12万種類のうちEXA PICO（エクサピーコ）の元素の種類である264種類によって類別になっている振動波グループの文化圏のこと）

43＝かに座　FIDA（フィーダ）語でGODAH（ゴダー）座グループ（ex.地球・M44プレセペ星団）

52＝おうし座　FIDA（フィーダ）語でFKIMORA（フキモラ）座グループ
　　　　　　　　　　　　　　　　　（ex.プレアデス・金星・火星・天王星）

58＝カシオペア座

の歴史に関係する星座の一例を挙げますと52番目はおうし座（プレアデス、金星、火星、天王星など）があります。58番目はカシオペア座、59番目はオリオン座、60番目は琴座、63番目はケフェウス座、64番目は獅子座、77番目は大熊座（北斗七星など）、168番目は小熊座（北極星など）です。ご参考までに246番目はサソリ座です。

各星座の地球からの距離（例）

地球のある銀河系内に星のある星座
おうし座、琴座、ケフェウス座、獅子座、オリオン座、金星（おうし座）

地球のある銀河系外に星のある星座（他の銀河系のみに属す）
カシオペア座、大熊座、小熊座

59＝オリオン座
60＝琴座
63＝ケフェウス座
64＝獅子座
77＝大熊座（ex.北斗七星）
168＝小熊座（ex.北極星）
246＝サソリ座（……参考）

第六章　文化の進化について

おうし座　グループ約2300万個

おうし座まで ……………………… 平均約421光年
一番近距離（サモンコール星） 約24光年
アルデバラン 約456光年
一番遠距離 約652光年
プレアデス星団（436個）まで…… 平均約332光年
ATLANTIS（アトランティス）星まで 約432光年
一番近距離（サモンコール星） 約24光年
一番遠距離 ……………………… 約456光年

カシオペア座　グループ約24億2000万個

カシオペア座まで ……………… 平均約55・5億光年
一番近距離 約55・2億光年
一番遠距離 約87・6億光年

宇宙と調和した生き方を身につける

40億年前以来、ケフェウス座、小熊座、獅子座、大熊座、琴座、カシオペア座、オリオン座、おうし座の8星座からの訪問を経験し、これらの星座の中の複数の星が何度も繰り返し多数の人達を地球に移住させてきました。共通していることは、各々の星の中で宇宙との調和度の低い人達が、星自身の EXA PIECO（エクサピーコ）の周波数が上がりテレポーテーションする時その星の周波数と同調できず一緒にテレポーテーションできないため、事前に地球へ移住したということです。これは地球の文化で考えられがちな罪人を島流しにしたり、刑務所に強制的に入れて罰するといったことに相当するのではなく、本人達の了解の下に各々の周波数のレベルに応じた星を選んでスタディ、すなわち自然の法則に適い、宇宙と調和した生き方を身につけることが継続できるように配慮されてのことです。

第六章　文化の進化について

テレポーテーションの際には全ての存在物は一旦CAU（カウ）の海（エネルギー）に戻され、星自体と同調できる振動波になっているものがテレポーテーション後に再生されます。このことはそれらの星の文化では認識されており、不調和な振動波では目的地に着いたとしても元の状態に戻ることが不可能であることを承知しています。つまりCAU（カウ）のエネルギーに戻されたままになるということです。CAU（カウ）とは宇宙の究極の意識と意志であるEGO（エーゴ）の愛と調和の振動波そのものであるといえ、地球の方々が恐れたり、不安になったりするような状態にはなりません。これは宇宙との調和度がたいへん落ち、EGO（エーゴ）の振動波となり、何億年に及ぶ忍耐づよいサポートによっても意識変換を拒否してきた方々への宇宙の愛と調和の振動波の一つの最終的な方法です。テレポーテーション後再生され、スタディを継続される方々も全銀河の文化が調和がとれた後は再び全員がCAU（カウ）に戻り、より多くの物質、エネルギー、振動波とともに再びより多様性のある宇宙の時空元の創造を開始することになります。何も恐れることはありません。

テレポーテーションの時が来るとそれまで我欲が強く、本質に目覚められなかった方々の中には自覚をし、自分に相応しい星でスタディをやり直す決心をしていろいろな星へ集団として移住することがあります。そこはかつての地球がそうであったようにそれまでの星、つまり現在の地球と調和度はほとんど変わることはありません。宇宙に何も特別なことは起こらず、あるのは常にただ、より自然の法則に適い調和のとれた意識への自分自身の決心と行動による意識の振動波の変換の過程だけです。

時空元の中でリ・インカーネーションを繰り返す

このようにして宇宙に存在する全ての星及び全ての存在物は常にスタディし、より宇宙の仕組みの理解度の低い存在をサポートしながら自然の法則をより深く理解し、宇宙の本質であるMEKO（エーコ）の最も調和のとれた状態に近づいていきます。

宇宙の仕組みによると、例外なく全ての存在物はEXA PIECO（エクサピーコ）という原子核の

第六章　文化の進化について

集合体（＝本質）がより調和がとれる自然の法則に基づいた方向へ進化するため、さまざまなボディを選択し、時空元の中でリ・インカーネーションを繰り返します。そのようにしてEXA PIECO（エクサピーコ）のスタディのプログラムの1つの段階が終了すると、愛と調和とより一体化するため、テレポーテーションをしてさらなる成長をしていくのです。生死もテレポーテーションであり、私達の肉体でもそれが維持され続けるために常にテレポーテーションという現象は起きています。星も例外ではないわけです。

今回も、このより調和のとれた方向への成長の一環として太陽は止むを得ず、地球と月を伴って、同時にテレポーテーションをする事にしています。本来はそれぞれの星が自らのエネルギーによって自力でテレポーテーションすることになっています。これは宇宙との調和度がたいへん落ち、EGEO（エゴ）の振動波となり、何億年に及ぶ忍耐づよいサポートによってもいまだに意識変換を確立できない方々への宇宙の愛と調和の振動波ができうる1つの最終的な方法です。地球の元の位置であるこの銀河系の重心近くに戻ります。現在地球と太陽が存在する時空元にはその後別の役割をもった太

陽と星がこの銀河系の惑星の仲間入りをするためにテレポーテーションしてくることになっています。

遠からず地球自身の宇宙との調和度は（10→○）^{10光}となり、テレポーテーションしますが、地球の現在の文化では全くそのことに気づいていません。また不調和な方々をサポートし、他の星へ時空元移動できるような乗り物（UFO）を造ることも不可能です。現時点で私達にさせていただけることはありのままの情報をお伝えすることにより、少しでも多くの方々が宇宙の仕組みをより深く観じ、自らの存在の維持の限界まで地球の人間の意識と行動の変換をサポートしてくださっている数多くの他の星の方々や宇宙の愛と調和のサポートの実態とその本質に気づき、EXA PIECO（エクサピーコ）としての原点に立ち返るためのきっかけを提供させていただくことだけです。心配も恐れも宇宙の愛と調和の仕組みを忘れていることから起こります。また、過信も極端な行動も自我と欲望の現れであるとのことです。そのような調和のとれていない意識のままに宇宙からの情報を理解しようとしたり、取り扱おうとすることは不調和な振動波

の増幅を招くだけの結果となります。まず、常に自らの意識の振動波を調和のとれた方向へ変換する努力を継続していくことを深く決心し、淡々と今可能なことを調和のとれた形で謙虚に精一杯行うことから始めるという基本の繰り返しがテレポーテーションへの確実な準備になっていくとのことです。情報を知り、多少の経験をし、積極的に行動をとり始めている方達の中にも最も重要で基本的な自らのEGEOの振動波の変換への努力に手のついていない方々があまりにも多いとのことです。

「今あなた方にとって一番大切な準備は何にもまして心の調和をとることです。これから地球にはテレポーテーション前の最終的な気づきへのメッセージとして様々な事が同時多発全地域的に現象化してまいりますが、それらを素直な謙虚な意識で受け止めてください。そして一人一人が今回地球に生まれる前にEXA PIECO(エクサピーコ)として決心し、プログラムしてきた役割に気づき、意識変換し、実行され、できうる限り多くの存在物と共に目的の時空元で地球と一体化してより自然で調和のとれたEVEA(エヴァ)の文化を実現してください」という宇宙(銀河連合)からの愛のメッセージを最後にお伝えすると共に、常日頃地球という惑星の人間である私達のわがままで未熟なこの文

化に対してあきらめることなく、繰り返し何十年も何百年もサポートし続けてくださっている全ての星々の方々に心から感謝しつつこの報告書を終わらせていただきます。

第二部　過去の時空元のリモートビューイング

第一章　地球の歴史からのリモートビューイング

① **Underground City**
Underground -34m 200×200m Population : 100
Approximately 11,300 years ago. Cassiopeia.
Present-day Southern SriLanka, Asia
∗Center, background Pyramid (FALF) 35×35×32m(H)

167 第一章　地球の歴史からのリモートビューイング

① 地下都市
地下〈-34M〉(200M×200M [100人])
約11,300年前。カシオペア座。現在のアジア、スリランカ南部
＊中央奥、ピラミッド（FALF）35M×35M×32M(H)

② **Surface and Underground City Complex**
Surface 300×300m Population:200, Underground 300×300m Population:200
Approximately 12,500 years ago. Venus(Taurus).
Present-day California, North America, in the vicinity of San Jose south of San Francisco
∗Center, airborne UFO from Atlas in the Pleiades star cluster. Diameter:30m Height:20m Capacity:30 passengers. ∗Venus belongs to the constellation Taurus

169　第一章　地球の歴史からのリモートビューイング

② 地上地下複合都市
地上（300M×300M［200人］）、地下（300M×300M［200人］）
約12,500年前。金星（おうし座）。現在の北米アメリカ合衆国、カリフォルニア州、サンフランシスコ南サンノゼ近辺
＊中央上空、プレアデス星団アトラス星のUFO。直径30M・高さ20M・30人乗り
＊金星はおうし座に属す

③ **Surface Portion of an Underground City**
Underground -33m 200×300m Population : 200
Approximately 13,400 years ago. Taurus (Atlas in the Pleiades star cluster).
Present-day California, North America, in the vicinity of San Diego

171 第一章 地球の歴史からのリモートビューイング

③ 地下都市の地上部分
地下〈-33M〉(200M×300M [200人])
約13,400年前。おうし座(プレアデス星団アトラス星)。現在の北米アメリカ、カリフォルニア州、サンディエゴ

④ **Surface and Underground City Complex**
Surface 300×300m Population:200, Underground -32m
200×200m Population:100
Approximately 13,600 years ago. Taurus (Taigeta in the Pleiades star cluster). Present-day Republic of South Africa, in the vicinity of Capetown
*Center, airborne UFO from Taigeta in the Pleiades star cluster Diameter:30m Height:30m Capacity:14-15 passengers. 40 craft

173 第一章 地球の歴史からのリモートビューイング

④ 地上地下複合都市
地上(300M×300M［200人］)、地下〈-32M〉(200M×200M［100人］)
約13,600年前。おうし座（プレアデス星団タイゲタ星）。現在の南アフリカ共和国のケープタウン近辺
＊中央上空、プレアデス星団タイゲタ星のUFO。直径30M・高さ30M・14〜15人乗り・40艇

⑤ **Surface and Underground City Complex**
Surface 200×100m Population : 130, Underground -32m
200×240m Population : 220
Approximately 13,600 years ago. Leo.
Present-day Guatemalan border (Pacific side) of Mexico,
Central and South America

175 第一章　地球の歴史からのリモートビューイング

⑤ 地上地下複合都市
地上（200M×100M［130人］）、地下〈-32M〉（200M×240M［220人］）
約13,600年前。獅子座。現在の中南米、メキシコ内グァテマラ（太平洋面）
国境

⑥ **Surface and Underground City Complex**
Surface 180×180m Population：80, Underground -32m
200×200m Population：80
Approximately 14,200 years ago. Leo.
Present-day Geelong, Southwestern Melbourne, Australia

177 第一章　地球の歴史からのリモートビューイング

⑥ 地上地下複合都市
地上（180M×180M [80人]）、地下〈-32M〉（200M×200M [80人]）
約14,200年前。獅子座。現在のオーストラリアメルボルン西南、ジーロング市

⑦ **Surface and Underground City Complex**
Surface 200×200m Population : 100, Underground -32m
200×200m Population : 100
Approximately 14,300 years ago. Orion.
Present-day southern tip of India, near Cape Comorin

179 第一章 地球の歴史からのリモートビューイング

⑦ 地上地下複合都市
地上（200M×200M［100人］）、地下〈-32M〉（200M×200M［100人］）
約14,300年前。オリオン座。現在のインド最南端コモリン岬近辺

⑧ Surface City
Surface 300×540m Population : 220
Approximately 14,600 years ago. Cassiopeia.
Present-day England, Europe, near Dover

181　第一章　地球の歴史からのリモートビューイング

⑧ 地上都市
地上（300M×540M［220人］）
約14,600年前。カシオペア座。現在のヨーロッパ、イギリス、ドーバー市近辺

⑨ **Surface and Underground City Complex**
Surface 200×200m Population:30, Underground -20m
200×240m Population:100
Approximately 21,400 years ago. Cassiopeia.
Present-day New England, North America (near the Canadian border)
＊Center, background Pyramid (FALF) (Apparatus for adjusting FANT. FUGIN) 35×35×32m(H)

183 第一章　地球の歴史からのリモートビューイング

⑨ 地上地下複合都市
地上（200M×200M［30人］）、地下〈-20M〉（200M×200M［100人］）
約21,400年前。カシオペア座。現在の北米、ニューイングランド（カナダ国境近辺）
＊中央奥、ピラミッド（FALF）（FANT. FUGIN の調整装置）35M×35M×32M（H）

⑩ **Surface City**
100×400m Population：300
Approximately 23,200 years ago. Lyra.
Present-day Vancouver Island, Canadian, North America

185 第一章 地球の歴史からのリモートビューイング

⑩ 地上都市
(100M×400M [300人])
約23,200年前。琴座。現在の北米カナダ、バンクーバー島

⑪ **Surface and Underground City Complex**
Surface 300×200m Population: 190, Underground -34m
300×320m Population: 220
Approximately 24,500 years ago. Cepheus.
Present-day Bredasdorp City, southern tip of the Republic of South Africa

187 第一章　地球の歴史からのリモートビューイング

⑪ 地上地下複合都市
地上（300M×200M［190人］）、地下〈-34M〉（300M×320M［220人］）
約24,500年前。ケフェウス座。現在の南アフリカ共和国最南端、ブルダスドープ市

⑫ **Surface and Underground City Complex**
Surface 100×200m Population : 100, Underground -28m
200×300m Population : 200
Approximately 25,140 years ago. Taurus.
(Atlas in the Pleiades star cluster).
Present-day India, Asia, in the vicinity of Calcutta

189 第一章　地球の歴史からのリモートビューイング

⑫ 地上地下複合都市
地上（100M×200M［100人］）、地下〈-28M〉（200M×300M［200人］）
約25,140年前。おうし座（プレアデス星団アトラス星）。現在のアジア、インドのカルカッタ近辺

⑬ **Surface and Underground City Complex**
Surface 240×160m Population : 200, Underground -30m
220×150m Population : 140
Approximately 32,300 years ago. Lyra.
Present-day Pinong City, Australia (Great Australian Bight)

191　第一章　地球の歴史からのリモートビューイング

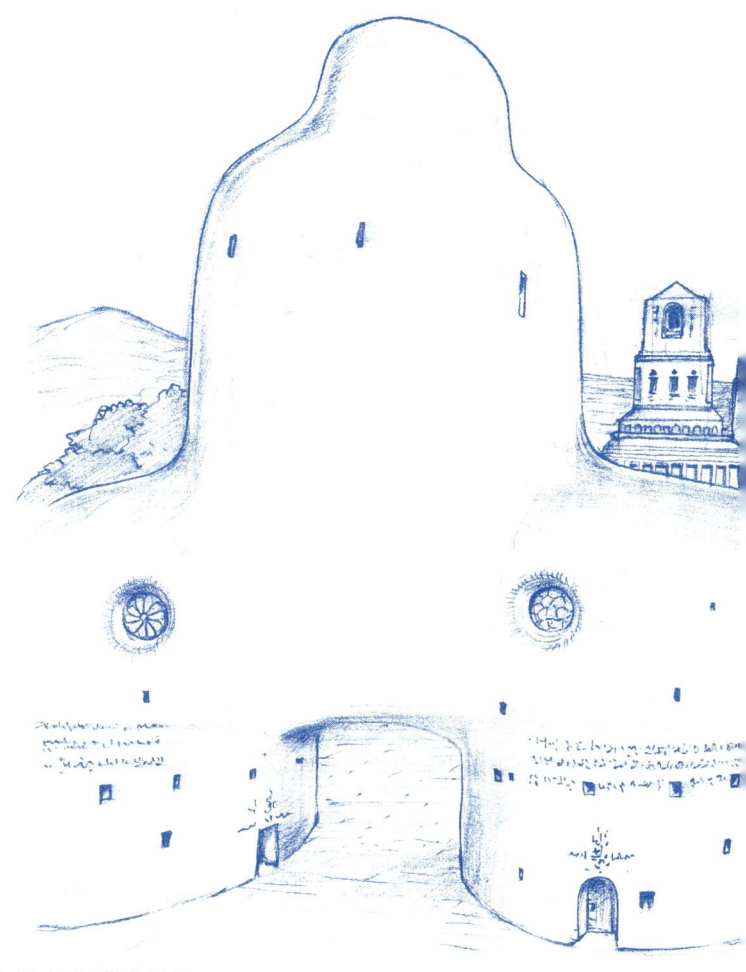

⑬ 地上地下複合都市
地上（240M×160M [200人]）、地下〈-30M〉（220M×150M [140人]）
約32,300年前。琴座。現在のオーストラリアのピノン市（グレートオーストラリア湾）

⑭ **Surface and Underground City Complex**
Surface 180×120m Population : 100, Underground -22m
150×150m Population : 100
Approximately 32,400 years ago. Orion.
Present-day Port hedland, Northwestern Australia (facing the Indian Ocean)

193 第一章　地球の歴史からのリモートビューイング

⑭ 地上地下複合都市
地上（180M×120M［100人］）、地下〈-22M〉（150M×150M［100人］）
約32,400年前。オリオン座。現在のオーストラリア北西部ポートヘッドランド市（インド洋面）

⑮ Teleportation of About Fifty Groups (Surface and Underground City Complex)
1400×850m Population: approx, 1000 per of 300×300km
Approximately 41,200 years ago. Immigration from Leo.
Present-day Indonesia, in the vicinity of Jakarta

195　第一章　地球の歴史からのリモートビューイング

⑮ 50グループ位テレポーテーション(地上地下複合都市)
(1400M×850M [各1000人前後、計50,000人位])、300KM×300KMの範囲に都市を形成
約41,200年前。獅子座系の移住。現在のインドネシア、ジャカルタ近辺

⑯ Surface City
630×500m Population 300
Approximately 42,100 years ago. Cassiopeia.
Present-day southern tip of Chile, South America
UFO Diameter:253m Height:22m

197 第一章 地球の歴史からのリモートビューイング

⑯ **地上都市**
(630M×500M［300人］)
約42,100年前。カシオペア座。現在の南米チリの最南端
UFO 直径235M、高さ22M

⑰ Surface City
320×440m Population : 300
Approximately 43,100 years ago. Orion.
Present-day Mt.Yogan at the southern tip of Chile, South America

⑰ 地上都市
(320M×440M［300人］)
約43,100年前。オリオン座。現在の南米チリ最南端ヨーガン山近辺

200

⑱a Surface and Underground City Complex
Surface 320×400m Population:200, Underground
-42m 440×140m Population:200
Approximately 43,200 years ago. Ursa Major.
Present-day Cape San Diego at the southern tip of Argentina

201　第一章　地球の歴史からのリモートビューイング

⑱a　地上地下複合都市
地上（320M×400M［200人］）、地上〈-42M〉（440M×140M［200人］）
約43,200年前。大熊座。現在のアルゼンチンの最南端サンディエゴ岬近辺

⑱b Underground City planar map of ⑱a, including the position of ⒶⒷⒸ point

203　第一章　地球の歴史からのリモートビューイング

⑱b　⑱aのⒶⒷⒸポイントの位置を含んだ地下都市の平面図

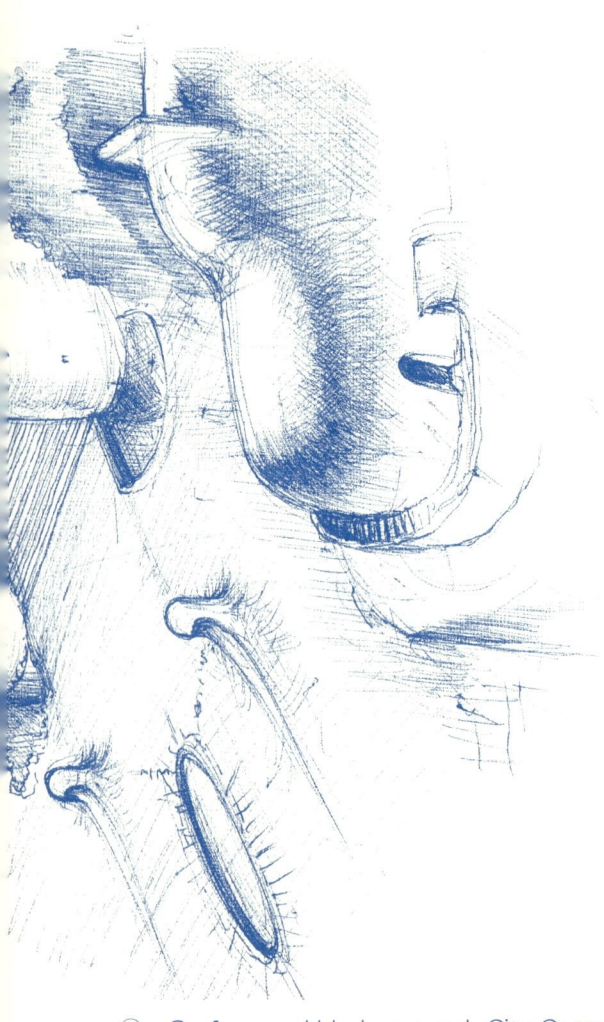

⑲a Surface and Underground City Complex
Surface 10×21km Population: 42,000, Underground -56m 10×22km Population: 41,000
Approximately 43,400 years ago. Ursa Minor. (North Star) Present-day Colorado. North America, (near the borders of New Mexico and Oklahoma)

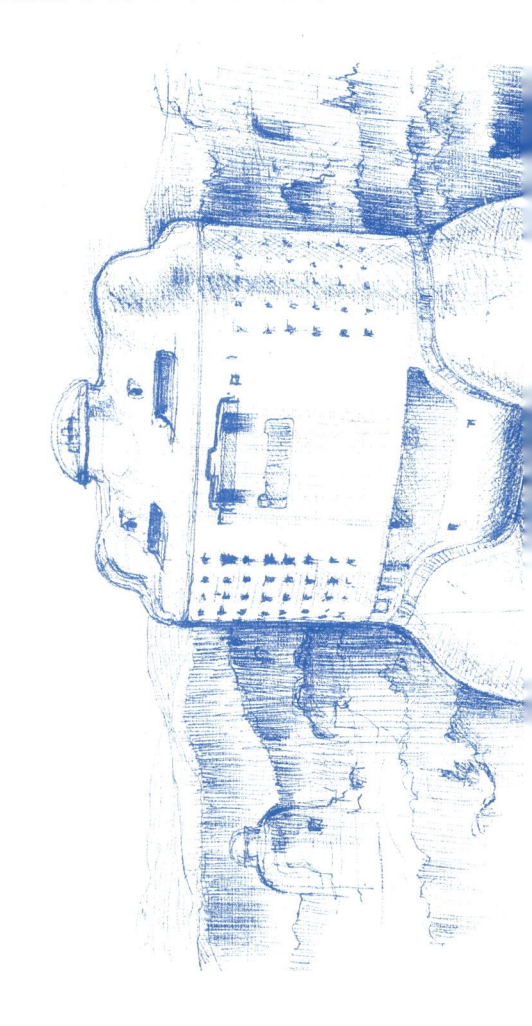

205 第一章　地球の歴史からのリモートビューイング

⑲a 地上地下複合都市
地上（10KM×21KM [42,000人]）、地下〈-56M〉（10KM×22KM [41,000人]）
約43,400年前。小熊座（北極星）。現在の北米コロラド。ニューメキシコとオクラホマ州の国境近辺

⑲b Underground City
Underground -56m 14.4 × 34km Population : 230,000
Approximately 43,600 years ago. Ursa Minor.
(North Star) Present-day Australia. between Perth and Fremantle

207　第一章　地球の歴史からのリモートビューイング

⑲b　地下都市平面図（⑲aの類似都市）
地下〈-56M〉（14.4KM×34KM［23万人］）
約43,600年前。小熊座（北極星）。現在のオーストラリアのパースとフリマントル間

⑳a Surface City
520×300m Population:300
Approximately 43,400 years ago. Lyra.
Present-day Gibraltar. Spain, Europe

209 第一章 地球の歴史からのリモートビューイング

⑳a 地上都市
(520M×300M [300人])
約43,400年前。琴座。現在のヨーロッパ、スペインのジブラルタル

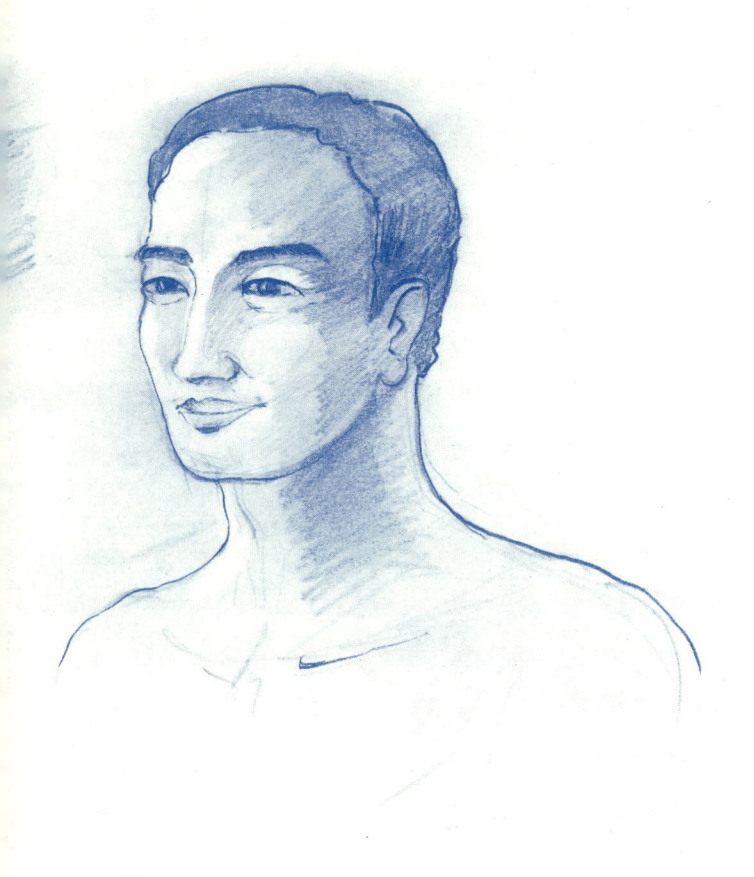

⑳b
Left : Approximately 43,400 years ago. Cassiopeia.
(brown-colored humans) People of Africa
Right : Approximately 43,400 years ago. Lyra.
(white-colored humans) People of Gibraltar, Spain, Europe

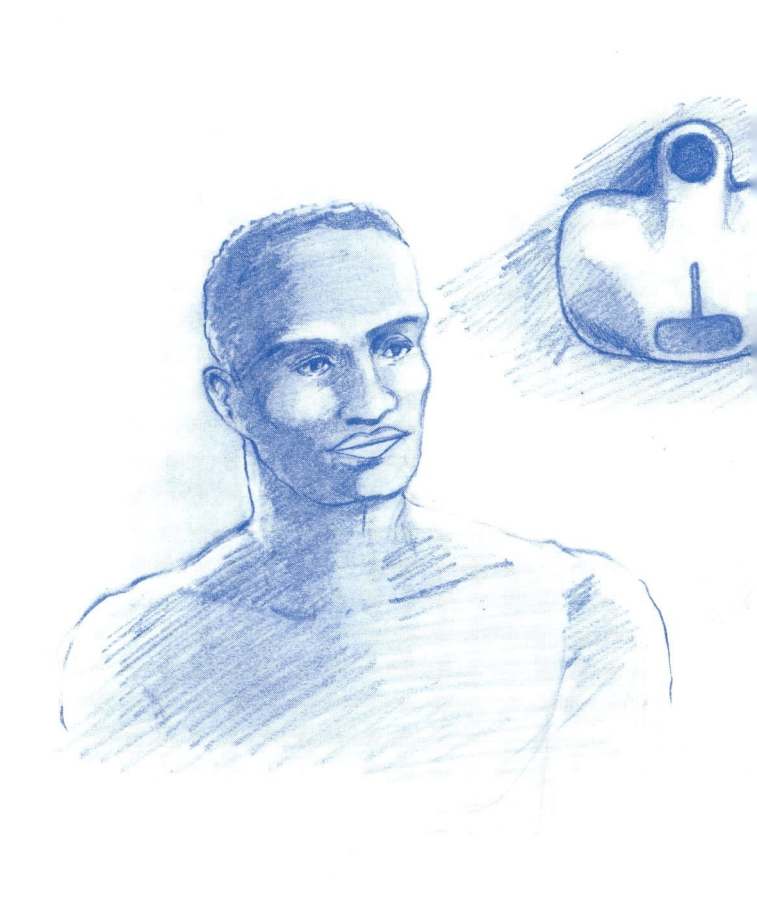

211　第一章　地球の歴史からのリモートビューイング

⑳b
左　約43,400年前。カシオペア座。（褐色系の人）アフリカの人
右　約43,400年前。琴座。（白色系の人）ヨーロッパ、スペインのジブラルタルの人

㉑ **Surface and Underground City Complex**
Surface 200×120m Population : 120, Underground -42m
650×500m Population : 600
Approximately 44,600 years ago. Ursa Major.
Present-day Nouakchott City, Mauritania, West Africa

213　第一章　地球の歴史からのリモートビューイング

㉑　地上地下複合都市
地上（200M×120M［120人］）、地下〈-42M〉（650M×500M［600人］）
約44,600年前。大熊座。現在の西アフリカ、モーリタニアのヌアクショット市

㉒ **Surface and Underground City Complex**
Surface 200×110m Population : 160, Underground -34m
430×430m Population : 360
Approximately 45,300 years ago. Cassiopeia.
Present-day southern tip of Chile, South-America, in the vicinity of Mt. Yogan

第一章　地球の歴史からのリモートビューイング

㉒ 地上地下複合都市
地上（200M×110M［160人］）、地下〈-34M〉（430M×430M［360人］）
約45,300年前。カシオペア座。現在の南米チリの最南端、ヨーガン山近辺

㉓ **Entrance to an Underground City**
Underground City only -34m 620×620m Population : 400
Approximately 45,400 years ago. Lyra.
Present-day Gibraltar, Spain, Europe

217　第一章　地球の歴史からのリモートビューイング

㉓ 地下の都市への入り口
地下都市のみ〈-34M〉（620M×620M［400人］）
約45,400年前。琴座。現在のヨーロッパ、スペインのジブラルタル

㉔ Surface City
300×600m Population:350
Approximately 46,400 years ago. Leo.
Present-day Narbonne, Southern France
＊Top center : UFO Diameter : 200m Height : 120m.
Capacity : 100 passengers 50 craft. Immigration of approximately 5000 individuals

219 第一章　地球の歴史からのリモートビューイング

㉔ 地上都市
(300M×600M［350人］)
約46,400年前。獅子座。現在の南フランスのナルボンヌ
＊中央上、UFO。直径200M・高さ120M・100人乗り・50艇・5000人位の移住

220

㉕ **Surface and Underground City Complex**
Surface 320×300m Population:300, Underground -32m
300×400m Population:300
Approximately 52,500 years ago. Ursa Major.
Present-day New Zealand, Oceania, near Wellington

221 第一章 地球の歴史からのリモートビューイング

㉕ 地上地下複合都市
地上（320M×300M [300人]）、地下〈-32M〉（300M×400M [300人]）
約52,500年前。大熊座。現在のオセアニア、ニュージーランド、ウェリントン近辺

㉖ **Surface and Underground City Complex**
Surface 220×220m Population : 140, Underground -34m
650×500m Population : 350
Approximately 53,200 years ago. Orion.
Present-day Lisbon, Portugal, Europe

223　第一章　地球の歴史からのリモートビューイング

㉖ 地上地下複合都市
地上（220M×220M［140人］）、地下〈-34M〉（650M×500M［350人］）
約53,200年前。オリオン座。現在のヨーロッパ、ポルトガルのリスボン

㉗ **Surface and Underground City Complex**
Surface 200×300m Population：240, Underground -26m
400×400m Population：330
Approximately 54,300 years ago. Orion.
Present-day Madagascar, Africa, in the vicinity of Antananarivo

225 第一章 地球の歴史からのリモートビューイング

㉗ 地上地下複合都市
地上（200M×300M［240人］）、地下〈-26M〉（400M×400M［330人］）
約54,300年前。オリオン座。現在のアフリカ、マダガスカル、アンタナナリボ近辺

㉘a
Venusians (white-colored humans) existing at the same time and place as ㉘b
Approximately 54,300 years ago. People Republic of China, in the vicinity of the Sichuan Basin.

227　第一章　地球の歴史からのリモートビューイング

㉘ a
㉘ bと同一時、同一場所にいた金星人（白系人）
約54,300年前。中華人民共和国四川盆地の辺り。25ＫＭ×54ＫＭ

㉘b Surface City
Same time and place as ㉘a.
Approximately 54,300 years ago
Surface culture of the Venusians People's Republic of China, in the nicinity of the Sichuan Basin 25×54km
Population: 1million

229 第一章 地球の歴史からのリモートビューイング

㉘b 地上都市
㉘aと同一時、同一場所。約54,300年前。金星
中華人民共和国四川盆地の近辺。25KM×54KM　人口100万人

U.F.O.

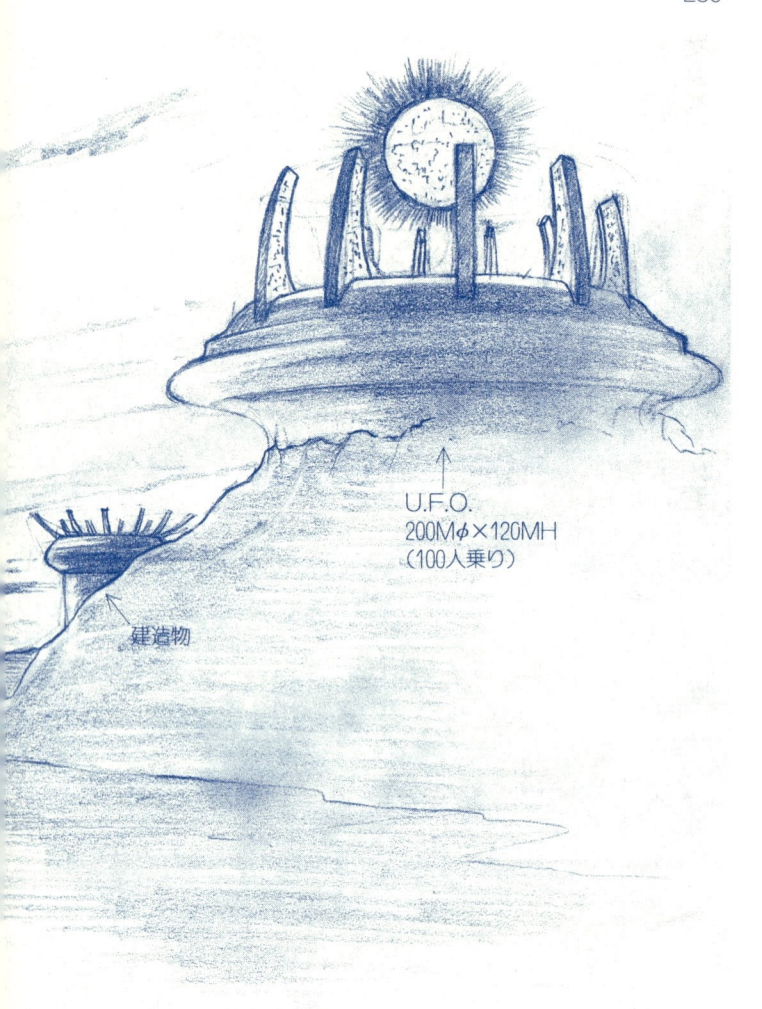

U.F.O.
200Mφ×120MH
(100人乗り)

建造物

㉙ Surface City
Surface 300×300m Population : 350
Approximately 63,300 years ago. Taurus.
Present-day Bissau City, Guinea, West Africa
＊top right : UFO Diameter 200m Height 120m Capacity :
100 passengers Towards the bottom left of the UFO :
Architectural structure

231 第一章 地球の歴史からのリモートビューイング

㉙ 地上都市
地上（300M×300M［350人］）
約63,300年前。おうし座。現在の西アフリカ、ギニアのビサオ市
＊右上、UFO。直径200M・高さ430M・100人乗り
その左下方、建築物

㉚ Underground City
Underground -24m 230×230m Population : 240
Approximately 63,400 years ago. Ursa Minor.
Present-day Peshawar city, Pakistan, Asia (near the Afghanistan border)

233 第一章 地球の歴史からのリモートビューイング

㉚ 地下都市
地下〈-24M〉(230M×230M［240人］)
約63,400年前。子熊座。現在のアジア、パキスタンのペシャワル市（アフガニスタン国境近辺）

Ⓑの下

㉛a Surface and Underground City Complex Which is mainly constituted by the underground part
Same time and place as ㉛b
Surface 100×100m Population：50, Underground -26m 330×540m Population：230
Approximately 73,500 years ago. Atlas in the Pleiades star cluster, Taurus. Southern India, in the vicinity of Calicut
Points Ⓐ, Ⓑ and Ⓒ correspond to the planar view in ㉛b

235 第一章　地球の歴史からのリモートビューイング

㉛a 地下中心の地上地下複合都市
㉛bと同一時、同一場所
地上（100M×100M［50人］）、地下〈-26M〉（330M×540M［230人］）
約73,500年前。おうし座プレアデス星団　アトラス星。インド南のカリカット市近辺　Ⓐ Ⓑ Ⓒ点が ㉛bの平面図に対応

㉛ b **Planar View of Surface and Underground City Complex mainly constituted by the underground part**
Same time and place as ㉛a. Approximately 73,500 years ago. Atlas in the Pleiades star cluster, Taurus.
Planar top view of a surface and underground city complex in Southern India, in the vicinity of Calicut, mainly consistituted by the underground part. Points Ⓐ, Ⓑ and Ⓒ correspond to the overview of the city in ㉛a

㉛b 地下中心の地上地下複合都市の平面図
㉛aと同一時、同一場所。約73,500年前
おうし座プレアデス星団、アトラス星。インド南のカリカット市近辺の地下中心の地上地下複合都市の真上からの平面図。Ⓐ・Ⓑ・Ⓒ点が㉛aの都市概観図に対応

㉜ **Surface and Underground City Complex**
Surface 300×400m Population:200, Underground -26m
200×300m Population:150
Approximately 83,500 years ago. Lyra.
Present-day Italy, Europe, in the vicinity of Rome

239 第一章　地球の歴史からのリモートビューイング

㉜ 地上地下複合都市
地上（300M×400M［200人］）、地下〈-26M〉（200M×300M［150人］）
約83,500年前。琴座。現在のヨーロッパのイタリア、ローマ近辺

㉝ **Surface and Underground City Complex**
Surface 340×400m Population:200, Underground -21m
200×200m Population:100
Approximately 83,600 years ago. Ursa Major.
Present-day Baghdad, Iraq

241 第一章 地球の歴史からのリモートビューイング

㉝ 地上地下複合都市
地上(340M×400M[200人])、地下〈-21M〉(200M×200M[100人])
約83,600年前。大熊座。現在のイラク、バグダッド

㉞ **Surface and Underground City Complex**
Surface 5×8.4km Population：4300, Underground -33m
600×500m Population：240
Approximately 84,300 years ago. Lyra.
Present-day Brazil, South America, in the vicinity of Manaus City

243 第一章　地球の歴史からのリモートビューイング

㉞ 地上地下複合都市
地上（5KM×8.4KM［4300人］）、地下〈-33M〉（600M×500M［240人］）
約84,300年前。琴座。現在の南米ブラジルのマナウス市近辺

㉟a UFO
Same as ㉟b. Approximately 84,300 years ago
＊Front:UFO. 90m diameter × 360m height 640 passengera (capacity:900)
From Cassiopeia to Cape Palmas, Ivory Coast, Africa Airborne 43,000 immigrated to an area covering 10×50km
Rear:Teleportation of a city 1000×700m (depth)×200m(height) Population:450

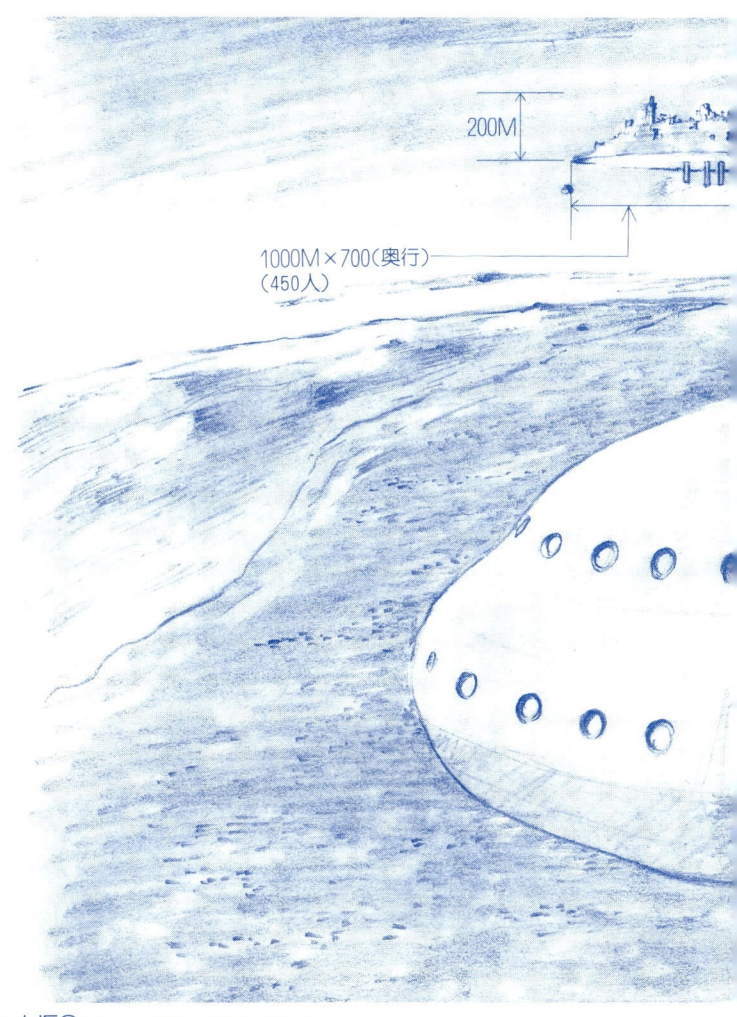

245 第一章 地球の歴史からのリモートビューイング

㉟a UFO（銀河系内外時空元移動可能な装置）
㉟bと同一時。約84,300年前
＊前方、UFO。直径900M・高さ100M・640人乗員（900人乗り）
カシオペア座からアフリカのコートジボアール国のパルマス岬。上空に。10KM×50KMの範囲に 43,000人移住
後方、都市のままテレポーテーション　1000M×700M（奥行）高さ200M
450人

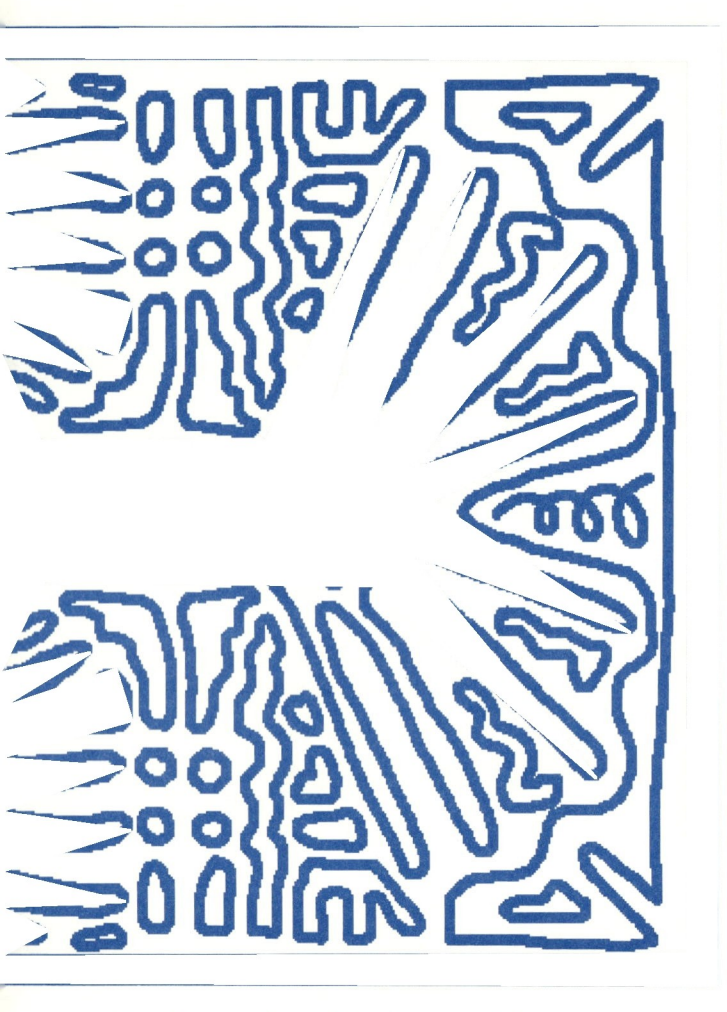

㉟b **Planar View of Underground City**
At the same time and place as ㉟a. Approximately 84,300 years ago.
Underground city 42m below ground level over an area of 800×300m built by 640 cassiopeians who immigrated to Cape Palmas in the Ivory Coast, Africa

247 第一章 地球の歴史からのリモートビューイング

㉟b ㉟aのUFOで移住した人々の築いた地下都市平面図
㉟aと同一時、同一場所。約84,300年前
アフリカコートジボアール国のパルマス岬に移住したカシオペア人 640人
が地下 -42Mの 800M×300Mの範囲に作った地下都市

㊱ Architecture Capable of Space Travel
Surface only 340×340m Population : 350
Approximately 84,300 years ago. Cassiopeia.
Present-day Philippines

249 第一章　地球の歴史からのリモートビューイング

㊱ 宇宙旅行可能な建築
地上のみ（340M×340M [350人]）
約84,300年前。カシオペア座。現在のフィリピン

250

㊲ **Town That Teleported From Cassiopeia to Earth**
-45m Diameter 830×450m Population:3,200 (initial)
-33,000 (final)
Approximately 85,300 years ago. Cassiopeia.
Present-day south America, in the vicinity Mt.Neblina at
the border between Venezuela and Brazil

251　第一章　地球の歴史からのリモートビューイング

㊲ カシオペア座から地球へテレポーテーションしてきた町
〈-45M〉（直径 830M×450M［当初 3,200人〜後 33,000人］）
約85,300年前。カシオペア座。現在の南米、ベネズエラとブラジル国境、ネブリナ山近辺

㊳ **Surface City**
800×500m Population : 4,600
Approximately 87,300 years ago. Orion.
Present-day Perth, Australia

253 第一章　地球の歴史からのリモートビューイング

㊳ 地上都市
(800M×500M [4,600人])
約87,300年前。オリオン座。現在のオーストラリアのパース

㊴ **Surface and Underground City Complex**
Surface 3200×4500m Population: 150,000, Underground -32m 1000×2400m Population: 120,000
Approximately 93,400 years ago. Lyra.
Present-day Gibraltar, Spain

255 第一章 地球の歴史からのリモートビューイング

㊴ 地上地下複合都市
地上（3200M×4500M［15万人］）、地下〈-32M〉（1000M×2400M［12万人］）
約93,400年前。琴座。現在のスペインのジブラルタル

㊵a Surface and Underground City Complex
Surface 12×16km Population:14,000, Underground
-42m 12×16km Population:11,000
Approximately 93,800 years ago. Cepheus.
Present-day Palermo, Sicily, Italy, Europe

257　第一章　地球の歴史からのリモートビューイング

㊵ａ 地上地下複合都市
地上（12KM×16KM［14,000人］）、地下〈-42M〉（12KM×16KM［11,000人］）
約93,800年前。ケフェウス座。現在のヨーロッパ、イタリア、シチリア島のパレルモ

⑩b Planar View of Underground(Similar to the City ⑩a)
-42m 200×100m Population : 100
Approximately 94,500 years ago. Cepheus.
Present-day Lisbon, Portugal, Europe

259 第一章 地球の歴史からのリモートビューイング

㊵b 地下平面図（㊵aの類似都市）
〈-42M〉（200M×100M［100人］）
約94,500年前。ケフェウス座。現在のヨーロッパ、ポルトガルのリスボン

㊶a Surface and Underground City Complex
Same time and place as ㊶b
Surface 260×200m Population : 100, Underground -42m
430×220m Population : 340
Approximately 94,200 years ago. Cassiopeia.
Present-day Cairo Egypt
Points Ⓐ, Ⓑ and Ⓒ correspond to the same points in ㊶b, c

㊶a 地上地下複合都市
㊶bと同一時、同一場所
地上（260M×200M［100人］）、地下〈-42M〉（430M×220M［340人］）
約94,200年前。カシオペア座。現在のエジプト、カイロ
Ⓐ·Ⓑ·Ⓒ点が㊶b、Cの同点に対応

㊶b Planar View of Underground
Same time and place as ㊶a

263 第一章　地球の歴史からのリモートビューイング

㊶b　地下平面図
㊶aと同一時、同一場所

㊶c Teleportation of Surface and Underground City Complex (The Original City of ㊶a, b)
Surface 260×200×100m (H), Underground -42m 430×220m Population : 340
Approximately 94,200 years ago. Cassiopeia.
Present-day Egypy, in the vicinity of Cairo

265　第一章　地球の歴史からのリモートビューイング

㊶c　地上地下複合都市のテレポーテーション（㊶a、bの元の都市）
地上（260M×200M×100M 〈H〉）、地下〈-42M〉（430M×220M ［340人］）
約94,200年前。カシオペア座。現在のエジプト、カイロ近辺

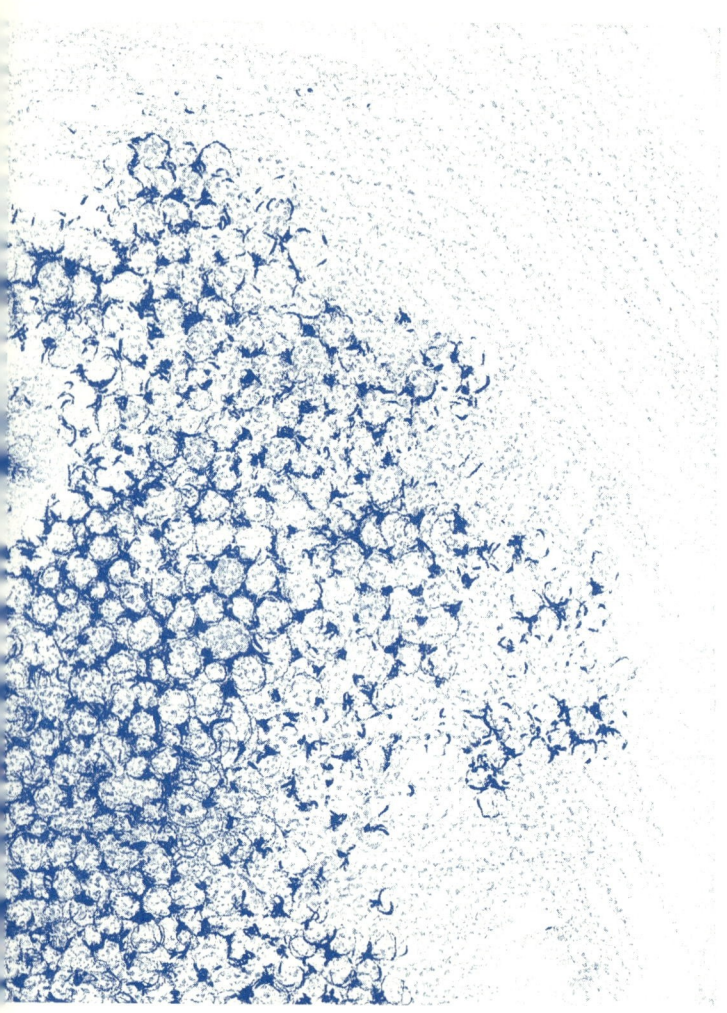

㊷ **Underground Town With a Diameter of 600m**
Underground -42m
Approximately 96,400 years ago. Venus.
Present-day Norway

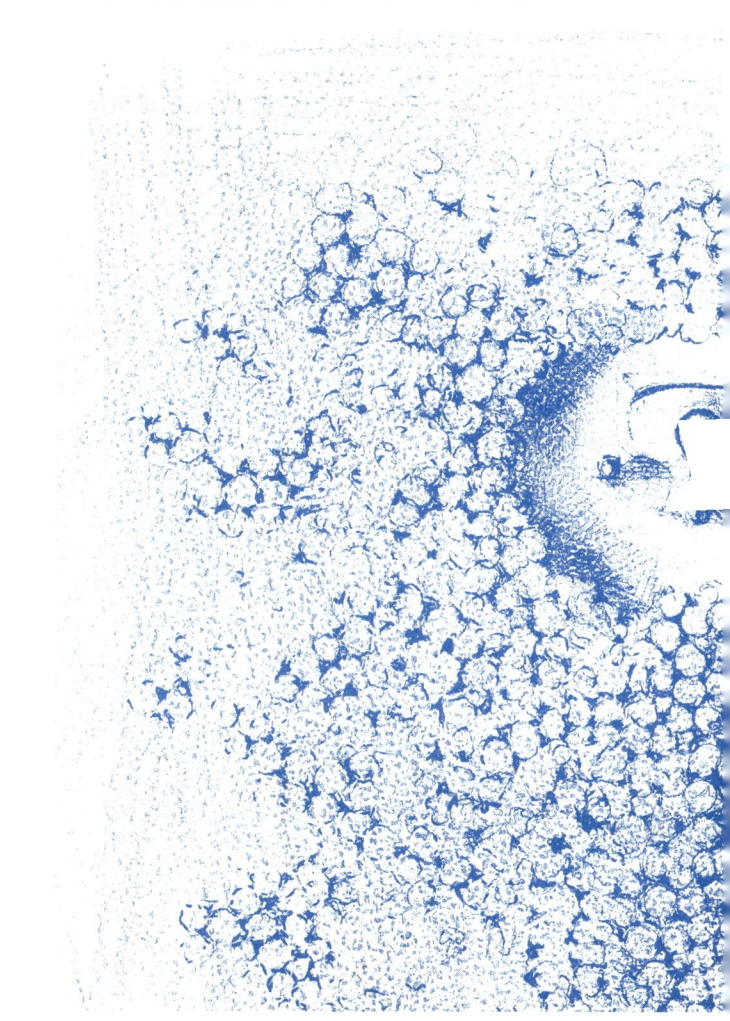

267 第一章　地球の歴史からのリモートビューイング

㊷ 地下の直径600Mの町
地下〈-42M〉
約96,400年前。金星。現在のノルウェー

㊸ Surface and Underground City Complex
Surface 300×300m Population : 120, Underground -42m
300×300m Population : 150
Approximately 97,800 years ago. Lyra.
Present-day North Africa, around the border between Libya and Niger

269 第一章　地球の歴史からのリモートビューイング

㊸ 地上地下複合都市
地上（300M×300M［120人］）、地下〈-42M〉（300M×300M［150人］）
約97,800年前。琴座。現在の北アフリカのリビアとニジェールの国境近辺

270

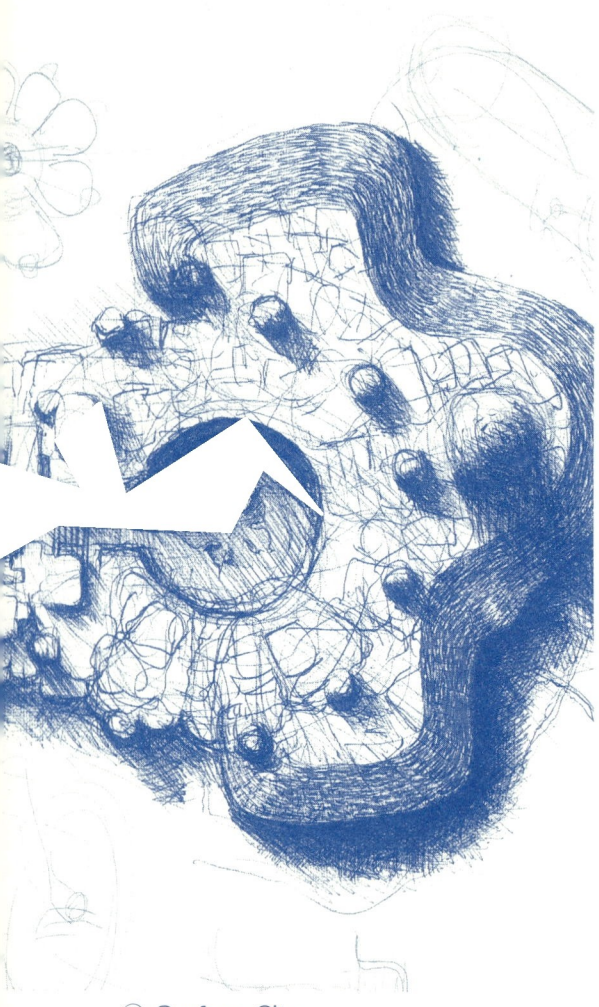

㊹ Surface City
340×300m Population:220
Approximately 98,600 years ago. Ursa major.
Present-day Republic of South Africa

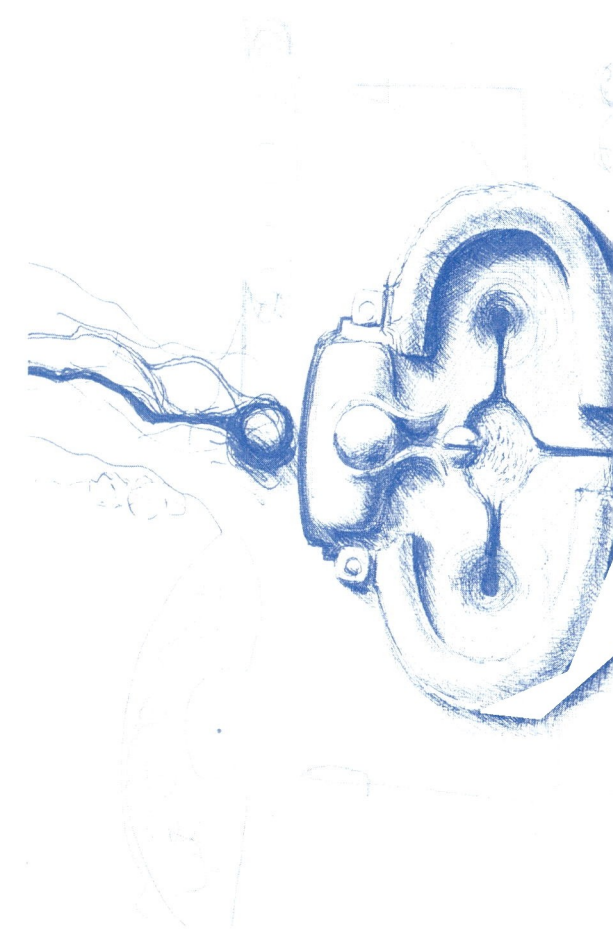

271 第一章 地球の歴史からのリモートビューイング

㊹ 地上都市
(340M×300M [220人])
約98,600年前。大熊座。現在の南アフリカ共和国

272

㊺ Surface City
300×300m Population : 200
Approximately 98,600 years ago. Cassiopeta.
Present-day Casablanca, Morocco, North Africa

273 第一章　地球の歴史からのリモートビューイング

㊺ 地上都市
(300M×300M [200人])
約98,600年前。カシオペア座。現在の北アフリカ、モロッコのカサブランカ

㊻ **Surface Residence**
30×20m Population : 5
Approximately 98,700 years ago. Cepheus.
Present-day Algeria, North Africa

275 第一章　地球の歴史からのリモートビューイング

㊻ 地上住居
(30M×20M［5人］)
約98,700年前。ケフェウス座。現在の北アフリカ、アルジェリア

㊼ **Surface Town**
200 × 120m Population : 40
Approximately 98,800 years ago. Ursa Major.
Present-day Peopie's Republic of China, in the vicinity of Urumai

㊽ 地上の町
(200M×120M [40人])
約98,800年前。大熊座。現在の中華人民共和国、ウルムチ近辺

㊽ Underground City
Underground only -45m 340×300m Population : 240
Approximately 98,900 years ago. Cepheus.
Present-day Algeria, North Africa

279　第一章　地球の歴史からのリモートビューイング

㊽ 地下都市
地下のみ〈-45M〉（340M×300M [240人]）
約98,900年前。ケフェウス座。現在の北アフリカ、アルジェリア

280

Ⓐ

㊾a Surface and Underground City Complex
Surface 300×200m Population:150, Underground -32m
300×200m Population:140
Approximately 99,899 years ago. Cassiopeia.
Present-day Brazil, South America, in the vicinity of Manaus City
Ⓐ→㊾b is drawn from this point of view

281 第一章 地球の歴史からのリモートビューイング

㊾a 地上地下複合都市
地上（300M×200M［150人］）、地下〈-32M〉（300M×200M［140人］）
約99,899年前。カシオペア座。現在の南米、ブラジル、マナウス市近辺
Ⓐ→こちらから ㊾b は描かれているようです

㊼b Surface and Underground City Complex
The same city as in ㊼a, viewed from the opposite side

283　第一章　地球の歴史からのリモートビューイング

㊾b 地上地下複合都市
㊾aと同一の街の反対側入口

第二章　月の存在意義からのリモートビューイング

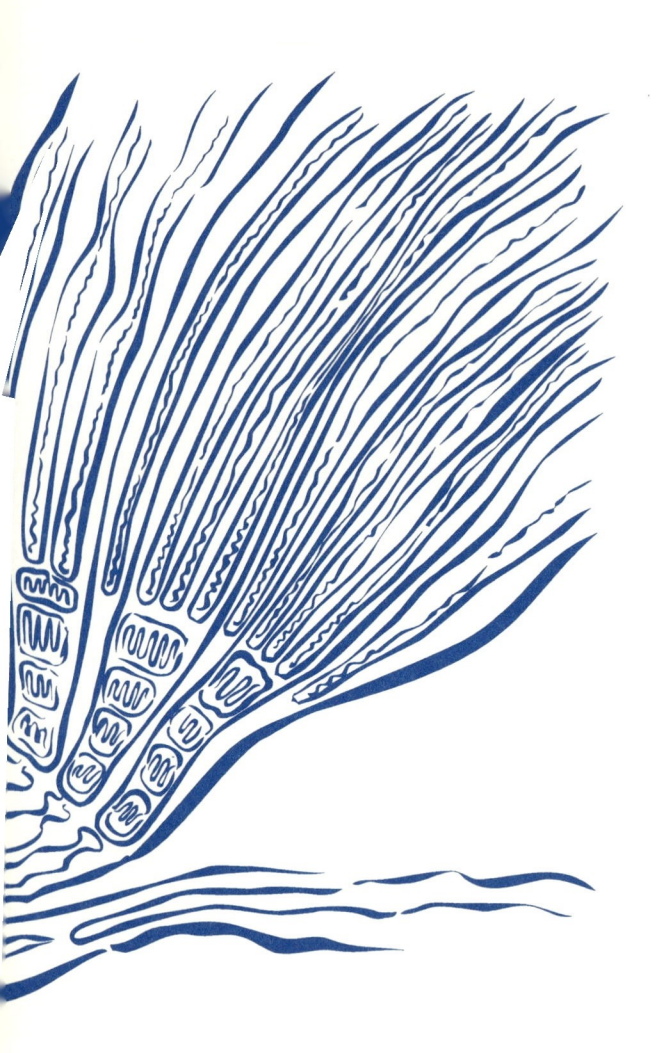

① Underground City belonging to Planets Outside the Solar System
Underground -42m 300×200km

287　第二章　月の存在意義からのリモートビューイング

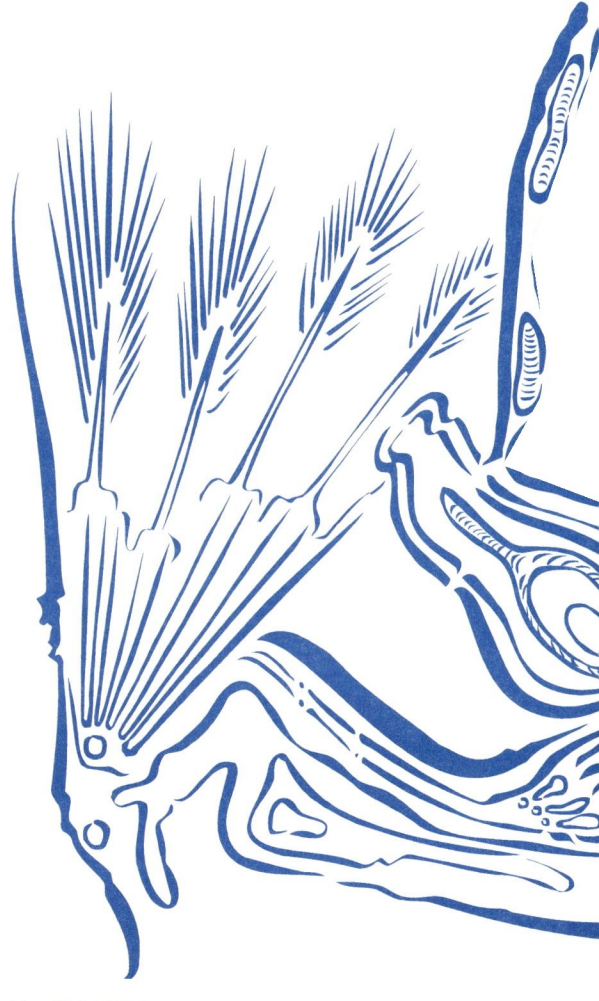

① 太陽系外惑星の地下都市平面図
地下〈-42M〉（300KM×200KM）

② Underground City belonging to Planets Outside the Solar System
Underground -54m 200×100km

289 第二章 月の存在意義からのリモートビューイング

② 太陽系外惑星の地下都市平面図
地下〈-54M〉(200KM×100KM)

③ Underground City belonging to Planets Outside the Solar System
Underground -52m 300×110km

291　第二章　月の存在意義からのリモートビューイング

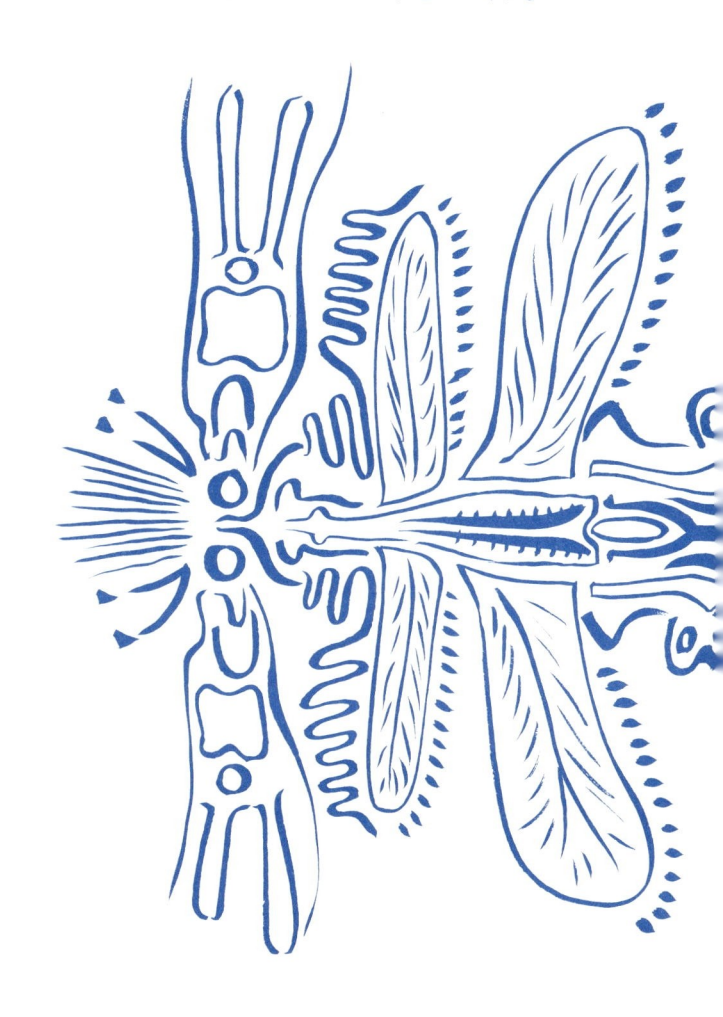

③ 太陽系外惑星の地下都市平面図
地下〈-52M〉(300KM×110KM)

④ Underground City belonging to Planets Outside the Solar System
Underground -45m 200×100km

293 第二章　月の存在意義からのリモートビューイング

④ 太陽系外惑星の地下都市平面図
地下〈-45M〉(200KM×100KM)

⑤ Underground City belonging to Planets Outside the Solar System
Underground -42m 200×120km

295 第二章 月の存在意義からのリモートビューイング

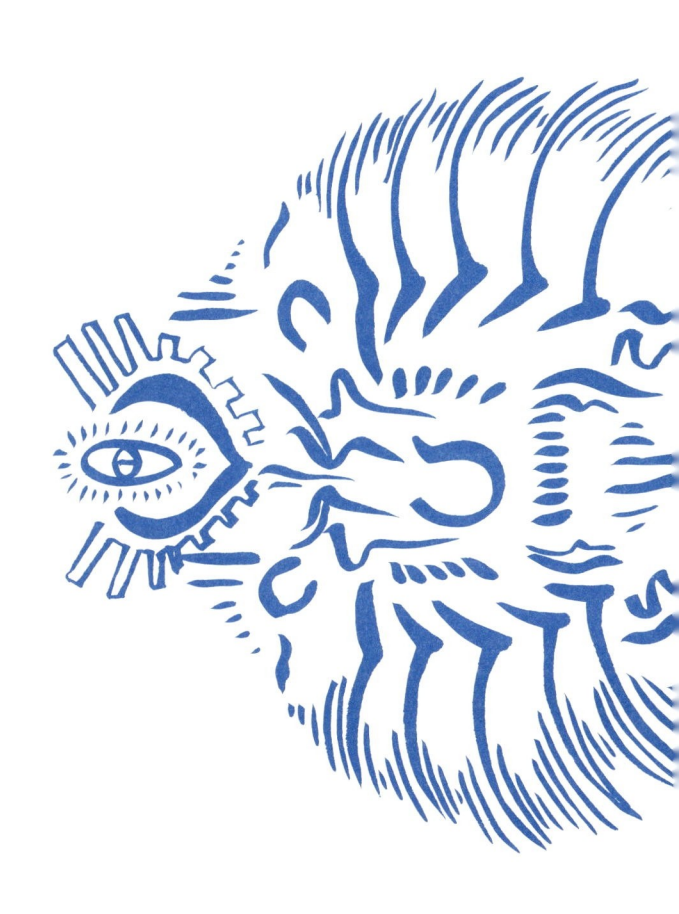

⑤ 太陽系外惑星の地下都市平面図
地下〈-42M〉(200KM×120KM)

⑥ Underground City belonging to Planets Outside the Solar System
Underground -42m 200×100km

297　第二章　月の存在意義からのリモートビューイング

⑥ 太陽系外惑星の地下都市平面図
地下〈-42M〉(200KM×100KM)

⑦ Underground City belonging to Planets Outside the Solar System
Underground -40m 200×100km

299　第二章　月の存在意義からのリモートビューイング

⑦　太陽系外惑星の地下都市平面図
地下〈-40M〉（200KM×100KM）

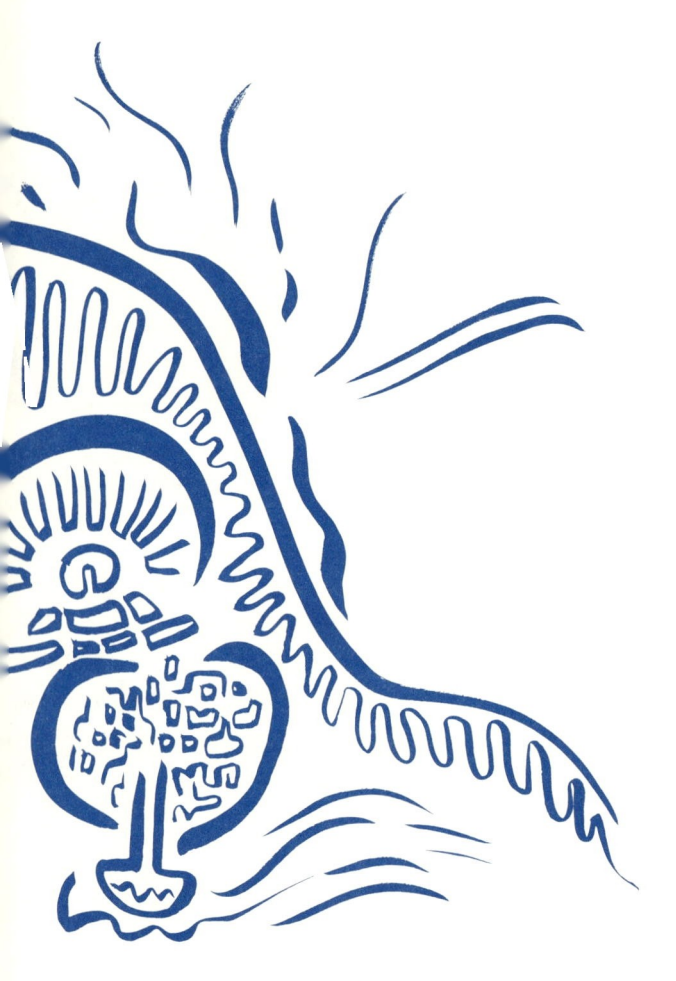

⑧ Underground City belonging to Planets Outside the Solar System
Underground -44m 200×120km

301　第二章　月の存在意義からのリモートビューイング

⑧　太陽系外惑星の地下都市平面図
地下〈-44M〉（200KM×120KM）

⑨ Underground City belonging to Planets Outside the Solar System
Underground -40m 200×100km

303　第二章　月の存在意義からのリモートビューイング

⑨ 太陽系外惑星の地下都市平面図
地下〈-40M〉(200KM×100KM)

⑩ Underground City belonging to Planets Outside the Solar System
Underground -42m 200×100km

305 第二章　月の存在意義からのリモートビューイング

⑩ 太陽系外惑星の地下都市平面図
地下〈-42M〉(200KM×100KM)

⑪ Underground City belonging to Planets Within the Solar System
Underground -26m 300×200m

307 第二章　月の存在意義からのリモートビューイング

⑪ 太陽系内惑星の地下都市平面図
地下〈-26M〉(300M×200M)

⑫ Underground City belonging to Planets Within the Solar System
Underground -22m 230×200m

309 第二章　月の存在意義からのリモートビューイング

⑫ 太陽系内惑星の地下都市平面図
地下〈-22M〉（230M×200M）

⑬ Underground City belonging to Planets Within the Solar System
Underground -20m 240×200m

311　第二章　月の存在意義からのリモートビューイング

⑬ 太陽系内惑星の地下都市平面図
地下〈-20M〉（240M×200M）

⑭ Underground City belonging to Planets Outside the Solar System
Underground -32m 730×200m

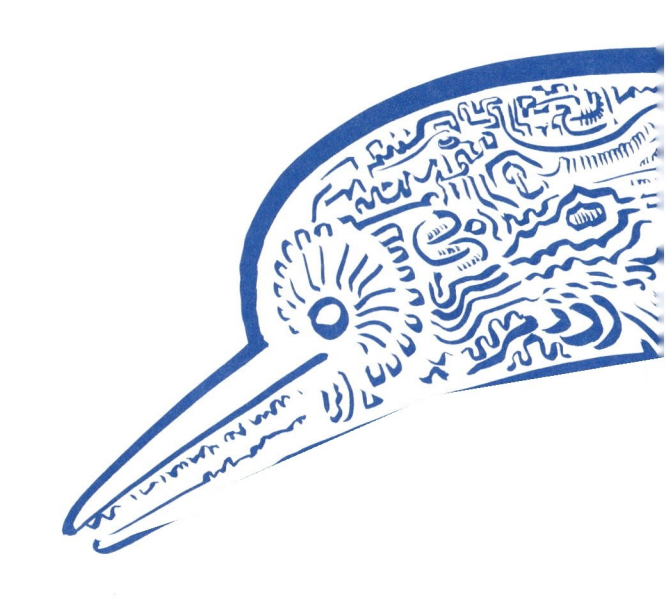

313　第二章　月の存在意義からのリモートビューイング

⑭ 太陽系外惑星の地下都市平面図
地下〈-32M〉（730M×200M）

⑮ Underground City belonging to Planets Outside the Solar System
Underground -38m 200×100km

315 第二章　月の存在意義からのリモートビューイング

⑮ 太陽系外惑星の地下都市平面図
地下〈-38M〉(200KM×100KM)

⑯ Underground City belonging to Planets Outside the Solar System
Underground -32m 850×340m

317　第二章　月の存在意義からのリモートビューイング

⑯ 太陽系外惑星の地下都市平面図
地下〈-32M〉（850M×340M）

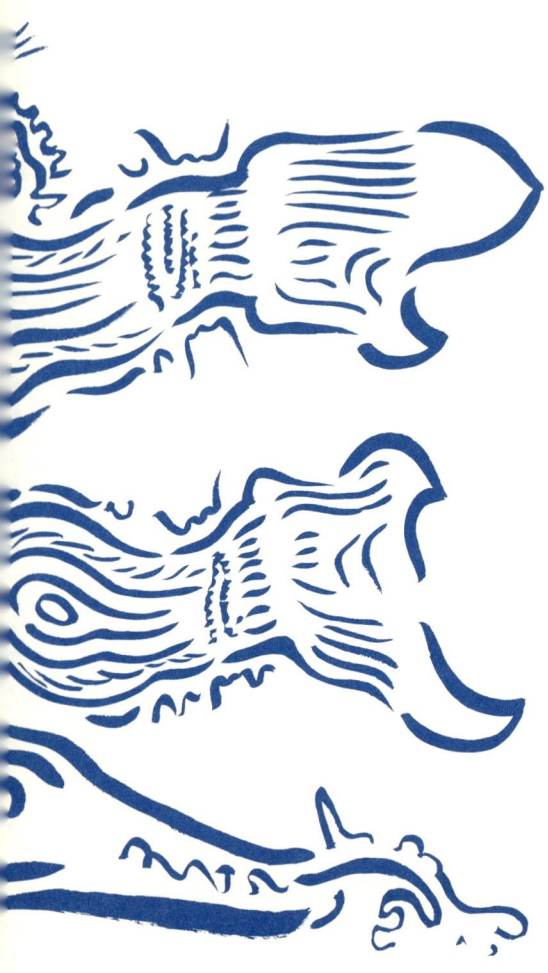

⑰ Underground City belonging to Planets Outside the Solar System
Underground -52m 200×200km

319　第二章　月の存在意義からのリモートビューイング

⑰　太陽系外惑星の地下都市平面図
地下〈-52M〉(200KM×200KM)

⑱ Underground City belonging to Planets Outside the Solar System
Underground -26m 640×300m

321 第二章　月の存在意義からのリモートビューイング

⑱ 太陽系外惑星の地下都市平面図
地下 〈-26M〉（640M×300M）

おわりに

「い」

神宮眞由美とそのEXA PIECOの地球での本質的な役割は生きた人間としての顕在意識とボディをもちながら、やはり人間としての顕在意識とボディをもちEXA PIECOとしてのスタディを続けている方々の本質への意識変換をサポートさせていただくための愛と調和への生き、動き、語る調整装置としての役割です。現実を味わい、経験し、学び、MIKOから生まれ、MIKOへと向かう自身の意識変換のステップを一歩一歩踏みながらそれがどなたにも可能なステップであることをお伝えし、示し、あらゆる方法を工夫しながら共に経験させていただくことを役割としています。宇宙のあらゆる存在物、現象から学び、メッセージを受け取らせていただきます。

このたびは地球の時空元移動を目前とし、宇宙と地球と現実の現象についての真の

おわりに

情報をお伝えし、人間の方々に短期間のうちに愛と調和への本質的な意識変換を経験していただく必要があることからこの『真 地球の歴史』を本にすることに関わらせていただきました。この役割を実行させていただくことの可能なDIKAG（ディカグ）、FIK（フイック）、EXA PIECO（エクサピーコ）の状態にわたしが至ることができるように、FIDA（フィーダ）、FILF（フィルフ）の方々を始め、足立育朗さんとそのEXA PIECO（エクサピーコ）さん、わたしの現在そして過去からの家族その他多くの方々とそのEXA PIECO（エクサピーコ）さん、そしてわたしの生命を保たせてくださっているあらゆる存在物さんたちとそのEXA PIECO（エクサピーコ）さんたちの多大なサポートをいただきました。ここにあるがままのわたしの愛と調和と感謝の振動波をお伝えさせていただきます。

神宮 眞由美と
（そのEXA PIECO（エクサピーコ））

おわりに

「ろ」

私にとって絵を描くことは小さな頃から自然なことでした。手の動きにまかせていれば、さまざまな絵が湧いてくるように描けました。建築の学生として設計課題を与えられたときも、しばらくすると、目の前に立体的な形が自然に浮かぶのです。不思議で楽しそうな街角、壁の細かい模様や材質まで感じられることもしばしばでした。コンクリートや鉄といった「今の時代」に使われている材料ではなく、石や土あるいは全く異なった材質でできていると感じられるものが多く、友人に「これどうやってつくるの?」「何でつくるの?」と聞かれました。私は媒体として受け取り、楽しく眺めていただけなのです。創造の苦しみとはほど遠く、楽しく描いておりました。私が見てもそれらの風景は不思議でなつかしく、多くの方々にも見ていただけないのかと考えておりました。

建築設計の仕事を離れても、絵を少しずつ描きためていました。2年程前にその何

おわりに

足立さんに見ていただく機会がありました。足立さんは何かを観じられ、数枚かをエジプトに持っていかれました。それがこの本のきっかけのひとつにもなっています。宇宙からの情報による解説は私の顕在意識による想像をはるかに超えたものでした。しかし、その情報に確信をもって頷いている「自分」も居たのです。絵を描いているときには安らかで、楽しく、幸せな気持ちです。それを日常的な状態にまで拡げられたらと思っています。

足立さん、神宮さん、アニメ制作会社の磯さんをはじめ、多くの方々や、栗田照美、直子、とも子、悠平、みち子たちのサポートにより、この絵たちがさまざまな方々に見ていただくという本来の役割を果たす機会が得られましたことを感謝します。私がその流れの中でひとつの役割を担えたことにも感謝します。ありがとうございました。

栗田 正樹と
(その EXA PIECO(エクサピーコ))

〈編著者略歴〉

足立育朗（あだち いくろう）

1940年、東京生まれ。1964年、早稲田大学第一理工学部建築学科卒業。1968年、樹生建築研究所設立。1990年、形態波動エネルギー研究所設立。宇宙はエネルギー及び物質の振動波で構成されていることを真の科学として直覚し、研究・創作活動として実践する。すべての存在、現象は、エネルギー及び物質の振動波であることを自らの周波数変換によって発見し、振動波科学の基礎的研究活動を行い、自然の法則にかなった地球文化の創造に役割を続ける。著書に、『波動の法則』（1995年ＰＨＰ研究所刊。2002年形態波動エネルギー研究所刊。2007年ナチュラルスピリット刊）、『真　地球の歴史』（1998年ＰＨＰ研究所刊。2009年ナチュラルスピリット刊）など。

〈協力者略歴〉

神宮眞由美（じんぐう まゆみ）

1955年、東京生まれ。「地球大学」発起人、教育学博士。THE EVHA-CREATION 発起人。ライフ・ラーニング・クリエーター。中央大学文学部卒、サンフランシスコ州立大学、アイオワ州立大学、ジョージタウン大学の各単位取得。ニューポート大学博士課程修了。ニューポート大学教育学部教授、森加速学習センター所長、統合加速学習研究会（SAIL）共同設立者、米国コロラド州非営利団体 The EVHA Connection、The EVHA connection オーストラリア共同設立者。著書に『直観で生きる』『愛されるための波動学』『直観と宇宙』『宇宙に学ぶ』『気づきを活かす』、編著に『足立育朗と語る』（以上、ＰＨＰ研究所）他、多数がある。

栗田正樹（くりた まさき）

1953年、茨城県生まれ。北海道大学工学部金属工学科卒業。早稲田大学理工学部建築学科卒業。一級建築士。建築設計事務所、北海学園大学非常勤講師などを経て、現在CG制作会社にデザイナーとして勤務。北海道在住。『波動の法則』が出版されたことが契機となり足立育朗氏と出合う。

形態波動エネルギー研究所への
問あわせ先
(FAX) 03-3556-9168
http://www.ginusen-ifue.jp
ginusen-finf@ginusen-ifue.jp

この本は、1998年7月2日にＰＨＰ研究所より発行され、
ＰＨＰ研究所と著者の許諾の下に再度発行したものです。

真 地球の歴史
波動の法則 Ⅱ

●

2009年 8月26日　初版発行
2012年10月12日　第2刷発行

著者／足立育朗

協力／(文)神宮眞由美
　　　(絵)栗田正樹

発行者／今井博樹

発行所／株式会社ナチュラルスピリット
〒151-0051　東京都渋谷区千駄ケ谷3-12-1　パレロワイヤル原宿501
TEL 03-3470-3538　FAX 03-3470-3578
E-mail : info@naturalspirit.co.jp
ホームページ http://www.naturalspirit.co.jp

印刷所／斐太中央印刷株式会社

©Ikuro Adachi & Mayumi Jingu & Masaki Kurita　2009 Printed in Japan
ISBN978-4-903821-39-9　C0030
落丁・乱丁の場合はお取り替えいたします。
定価はカバーに表示してあります。

●新しい時代の意識をひらく、ナチュラルスピリットの本

波動の法則
宇宙からのメッセージ

新しいステージが人類を待っている！
真の自然の仕組みに気づくための永遠の入門書
待望の復刊
研究成果報告の一端として、口絵（グラビア）追加４枚

足立育朗 著

本体一六一九円＋税

お近くの書店、インターネット書店、および小社でお求めになれます。